三易新論

陳牀通題

三易新論總目

中卷 頁次

下卷　頁次

以上凡三卷，共十有八章。

此書寫成於一九五八年至一九六四年間。一九六〇年上卷油印。冀治易者匡正之。余亦自勘。反覆訂誤。隨時補闕。凡一章之成。竟修改四五次者。一九六四年續印中下二卷。上卷鈔寫多誤。今又重印之。廣徵高見。以補正余書之闕譌。庶成定稿也。易義深邃。莫窺涯涘。疏陋之咎。無可自掩。年近九十。肊斷難免。校寫既竟。復記於后。

一九六五年二月沈祖緜氏識於蘇州。時年八十有八。

三易新論

自序

三易新論初稿上中下三卷。都十有八章。易為卜筮。未經秦火。傳者不絕。周禮春官宗伯太卜掌三兆之法。一曰玉兆。二曰瓦兆。三曰原兆。其經兆之體。皆有百二十。其頌皆千有二百。掌三易之法。一曰連山。二曰歸藏。三曰周易。其經卦皆八。其別皆六十四。由此觀之。周代端策拂龜。卜筮兼施。三兆三易。卜官所守。其法各異。兆易又各有三家。疑卜官所掌三易。初未嘗專重周易。而與連山歸藏並用。自儒家翼易。獨崇周易。列為六經之一。於是連山歸藏遂亡。今考連山歸藏之組織。尚可用消息之規律。以推求之。而其繇辭。疑卜官隨筮造辭。與殷墟卜辭雷同。班志所列古雜易。桓譚之所見。殆皆繇辭耳。今亦佚亡。世所徵引。疑多偽辭。今詳究二易之組織。求其規律。而二易繇辭既偽。與規律格格不入。故置而不論。至於周易。始卦爻定辭。較連山歸藏隨筮造辭。已有所進矣。定辭之始。必去重複。今本周易之外。班志別有周易三十八卷。列於數術略。左氏春秋引周易。亦與今本不同。此其明證。周易既卦爻定辭。理尚變通。優於連山歸藏。更以儒家贊易。窮高極遠。无所不包。卜筮載籍。進列六藝之首。已非卜筮家所能專守矣。其後傳之者眾。各以聞見相授受。漢人家法恭嚴。競言訓詁。不尚易之組織。雖京房之世位。虞翻之撓爻。總未能盡其奥。繼有漢宋之爭。駁論圖象。相視如仇。清代諸家。董理訂詁。卓然可觀。然墨守雅言。昧於會通。近人批判詳證。勝於前修。然各抒所見。義莫能定。若夫博識多聞。辨是與非。其來者之貴乎。易理艱奥。異說紛紜。宜博采諸說。不囿一家。詳究漢宋。掃除門户。乃能比較批判。發其精蘊。棄其糟粕也。有以八卦不見於卜辭。疑八卦為晚出。殊不知卜筮不相襲。卜辭亦有占曰云云。可證殷時間用占筮。當以八卦為占。蓋八卦始為占筮之法。猶卜兆之有貞法。亦不見於卜辭也。或仍據胡渭之說。辨河圖洛書。為宋人邵雍劉牧所僞。殊不知班志載易有圖一。隋志載易類之圖至夥。皆在邵劉之前。且易卦組織嚴密。漢隋之圖雖佚。未經秦火。卦爻具在。猶可推演。寧爾定論。竊以為未允。諸如此類。輒加臆斷。年逾八十。記憶已衰。舉申漏乙。在所難免。舊見所囿。探賾索隱。辨之惟艱。欣茲百家爭鳴之際。不自量力。賈其餘勇。薈萃漢宋載籍。諸家考說。比較研治。疏通明證。法依故度。間作新規。願抒一得之愚。效野人之獻曝云爾。

公元一九六四年十二月。沈祖緜瓞民識於蘇州。時年八十有七。

三易新論 上卷

沈祖緜 瓞民學

第一章 三易考原

一 三易之名稱

三易之名。始見於周禮宗伯太卜。其言曰。

太卜掌三易之法。一曰連山。二曰歸藏。三曰周易。其經卦皆八。其別皆六十有四。

周禮宗伯簭人亦曰。

簭人掌三易。以辨九簭之名。一曰連山。二曰歸藏。三曰周易。

周禮舉三易凡兩見。鄭玄周禮宗伯太卜注曰。

易者。揲蓍變易之數。可占者也。名曰連山。似山出內氣也。歸藏者。萬物莫不歸而藏於中。

鄭注又曰。

三易卦別之數亦同。其名占異也。每卦八。別者。重之數。

按繫辭易有君子之道四焉。鄭玄此注。是釋太卜。故以卜筮者尚其占立說。不舉其他三項。是依文據義。漢時經生家法如是。不必涉其他三項。顧炎武日知錄卷一三易曰。

夫子言包羲氏始畫八卦。不言作易。而曰易之興也。其於中古乎。又曰。易之興也。其當殷之末世周之盛德邪。當文王與紂之事邪。是文王所作之辭。始名為易。而周官太卜掌三易之法。一曰連山。二曰歸藏。三曰周易。連山歸藏非易也。而云三易者。後人因易之名以名之也。猶之墨子書言周之春秋。燕之春秋。宋之春秋。齊之春秋。周燕宋齊之史。非必皆春秋也。而云春秋者。因魯史之名以名之也。

顧炎武之前。郭雍已云夏易曰連山。商易曰歸藏。而不名曰夏商易者。時尚無易之名也。若三易之名。始自周之太卜。左傳所載之筮。有以周易筮之。有不言周易筮之者。當時尚以三易為筮與周禮太卜所掌相符。可證也。

或以三易雖見於周禮。而不見漢書藝文志載錄為疑。若漢書藝文志六藝略易類載有。

古雜八十篇。

全祖望讀易別錄。以為古雜易八十篇。雜災異三十五篇。神輸五篇之類。皆通說陰陽災異及占驗之屬。漢志誤入經部。全說非是。姚振宗漢書藝文志條理已辨之。以古雜與雜災異神輸為三家。不當混淆。沈欽韓漢書疏證曰。

此即乾鑿度稽覽圖之類。後書張衡傳言尚書詩春秋讖之謬妄。而不及易。則易說為古書也。又乾坤鑿度。炎帝黃帝有易靈緯。太卜掌三易之法。一曰連山。二曰歸藏。杜子春云連山宓戲歸藏黃帝。禮運注。殷陰陽之書其書存者有歸藏。據鄭注。則漢時二易尚存其一也。隋志云漢初已亡。蓋見志無其目云。古雜者。蓋年代汗漫雖有其書。莫究其用。亦未知是周太卜所掌與否。故存疑云爾。或雜說古帝王卜筮之事。如汲郡師春。但取左傳卜筮事為書耳。說苑鹽鐵論引易。皆本經所無。亦古雜之篇也。

況說博而不專。未能辨古與雜之別。所謂古。乃周易以前之易。如連山歸藏。所謂雜。乃周易以後說易之書。或與周易有異義。或舉易之一事。如乾鑿度稽覽圖等是。至易說之名稱。蓋漢禁讖緯之說。凡易緯改易說。書緯改書說。詩緯改詩說之類。見禮記檀弓疏。漢志易類。概以古雜八十篇包括之。則連山歸藏定在八十篇之內。蓋古雜名目浩繁。故班固不備舉。但言其總數。禮記禮運篇曰。吾得坤乾焉。鄭玄注得殷陰陽之書也。其書存者有歸藏。可證歸藏在鄭玄時猶有存者。隋志所謂歸藏已亡。馬國翰以為漢書藝文志不著錄。(玉函山房輯佚書連山輯本一卷序。又見歸藏輯本一卷序。)不知在漢志易類古雜八十篇之中也。

二、連山歸藏名義考

連山之名義。鄭玄注周禮宗伯太卜曰。

連山似山出内氣也。淳于俊據此。下加運連天地也句。

皇甫謐帝王世紀曰。

夏人因炎帝曰連山。連山易其卦以純艮、為首。艮為山。山上山下。是名連山。雲氣出内於山。夏以十三月為正。人統艮。漸正月。故以艮為首。

朱震漢上易叢說曰。

連山首艮者。八風始於不周。實居西北之方。七宿之次。是為東壁營室。於辰為亥。於律為應鍾。於時為立冬。此顓帝之歷。所以首十月也。

邵雍皇極經世曰。

夏以建寅之月為正月。謂之人統。易曰連山。以艮為首。艮者人也。

按鄭、皇甫、邵諸說皆非。後儒更有增益。談失之甚。鄭玄之似山出内氣說。陸佃以為非是。殊有卓見。至於連山首艮之說。更在鄭玄下矣。因說卦傳艮為山。附會連山之山。即由此而來。其誤一。又誤解說卦傳萬物之所成終而所成始也。故曰成言乎艮。以成始二字為首。其誤二。由坤逆數至艮。艮在坤上。遂以艮為首。其誤三。又以周易首乾。歸藏首坤。兩書有首。連山不可無首。乃以坤前一卦艮為之。其誤四。首乾首坤首艮之說。羣經所無。易緯亦未及。有之自皇甫謐始。而劉歆、邵雍、朱震、蔡元定附和之。實非理之正。因首艮之說。無理可推。以理度之。乾為純陽。坤為純陰。六十四卦立成圖。從左至右順讀之。則乾為首。從右至左逆讀之。則坤為首。而右讀究屬不順。說卦傳所謂乾為首。此據近取諸身立說而已。據此說卦傳以坤為腹艮為手。則首坤首艮之說悖矣。然則連山之義。當以卦畫之組織求之。連山之卦。為歸藏加六畫之數。一卦變六十四卦。即六十四自乘得四千九十六卦。如連山之狀。故云連山。桓譚新論謂。連山八萬言。歸藏四千三百言。桓譚似據連山歸藏之繇辭言。

至於歸藏之名義。鄭玄周禮宗伯太卜注曰。

　歸藏者。萬物莫不歸而藏於其中。（淳于俊說同。）

孔穎達周易正義曰。

　孔子曰。吾得坤乾焉。殷易以坤為首。故先坤後乾。

賈公彥周官正義曰。

　此歸藏易以純坤為首。坤為地。萬物莫不歸而藏於其中。

賈公彥又曰。

　殷以十二月為正地統。故以坤為首。

鄭玄以歸藏為一義。非是。孔穎達據禮記禮運篇孔子語。證歸藏以坤為首。梁蕭繹金樓子立言篇。亦據禮運篇文兼引左傳定四年正義引鄭玄注為解。更覺泛泛。至於三統立說。更是後起之義。考說卦傳曰。

坤以藏之。

藏涵坤義。歸藏者由乾歸于坤之義也。與橫圖之次序相合。歸藏由乾至坤。或謂乾歸于坤。以一陽一陰順敘之。則乾為首。以一陰一陽逆敘之。則坤為首。此亦非的解。蓋拘執繫辭一陰一陽之謂道所致。總之。連山歸藏之義。當據橫圖之次序求之。乃得確解。

三、三易之次序

周禮載太卜簭人掌三易。其次序為一曰連山。二曰歸藏。三曰周易。於是杜子春以為連山宓戲。歸藏黃帝。孔穎達以為連山起於神農。郭雍以為夏易曰連山。商易曰歸藏。眾說紛紜。要之連山歸藏之筮法。較周易為先。似無疑義。周禮以占筮時代之先後為序。而三易成卦之時代。又與周禮異。至連山歸藏。孰先孰後。以成因證之。連山後於歸藏。可無疑義。因連山非由歸藏之方根。萬不能立成。疇人子弟。類能知之。而太卜以一曰連山二曰歸藏。先後適相反。蓋此言一曰二曰者。是就尚占筮時代而言。非言連山成卦在前。歸藏在後。否則不獨失算數之根。而三易之理。亦不能一貫。此言一二兩字。夏以連山為占。夏在商前。故曰一。商以歸藏為占。商在周先。故曰二。一二三是言朝代尚占之次第。非言造作之先後。至文王之易曰周易。別有組織。演法較歸藏為複雜。既非歸藏。又非連山。在周易序卦中。是有一定之規律。

四、連山歸藏主不變說

乾鑿度卷上曰。

易一陰一陽。合而為十五之謂道。陽變七之九。陰變八之六。亦合于十五。則彖變之數若之一也。

鄭玄注曰。

九六。爻之變動者。繫曰。爻效天下之動也。然則連山歸藏占彖本其質性也。（鈔本占彖作占象。非。）周易占變者。效其流動也。彖者斷也。

鄭說如是。連山歸藏本其質性。主不變論。繫辭原文。一陰一陽之謂道。乾鑿度加十五兩字。則非連山又非歸藏。又非周易。乃九宮一算之術。鄭說失之。惟連山歸藏。程迥周易古占法主尚變。其言曰。

連山歸藏。宜與周易數同。而其辭異。先儒謂周易以變者占。非也。連山歸藏以不變者占。亦非也。

此程迥之失言。連山與歸藏為一層加一層。以一陽一陰之加一倍數。不必尚變。重卦出於何人。眾說紛歧。令以周禮及鄭玄注證之。是三易皆重卦。可無疑義。惟何人始創。殆不可考。惟重卦固有定例。不能出於偽飾。亦不能出於虛妄。

五. 連山歸藏舊說舉證

馬國翰輯連山歸藏引山海經曰。（玉函山房叢書首本。）

> 伏羲氏得河圖夏后因之曰連山。黃帝得河圖商人因之曰歸藏。

今本山海經無此語。學者咸疑之。其說見朱震周易卦圖河圖說。（卷上。）及漢上易叢說。

連山歸藏。漢時未立學官。故治之者殊少。罕有言及此二書者在羣籍可見者。除鄭玄之說外。尚有杜子春（鄭玄注引）王充桓譚諸家。周禮宗伯太卜鄭玄注引杜子春曰。

> 連山宓戲。歸藏黃帝。

杜說何所據。已無法考證矣。王充論衡謝短篇。（十二卷。）

> 先問易家。易本何所起。造作之者為誰。彼將應曰。伏羲作八卦。文王演為六十四。孔子作彖象繫辭。三聖重業。易乃具足。問之曰。易有三家。一曰連山。二曰歸藏。三曰周易。伏羲所作。文王所造。連山乎。歸藏周易也。（祖緜案。句有脫字。文不順。）秦燔五經。易何以得脫。漢興幾年而復立。宣帝之時。河內女子壞老屋得易一篇。名為何易。此時易具足未。

又正說篇。（二十八卷。）

説易者皆謂伏羲作八卦。文王演為六十四。夫聖王起河出圖洛出書。伏羲王河圖從河水中出易卦是也。禹之時得洛書書從洛水中出洪範九章是也。故伏羲以卦治天下。禹案洪範以治洪水古烈山氏之王得河圖夏后因之曰連山烈山氏之王得河圖殷人因之曰歸藏伏羲氏之王得河圖周人曰周易。其經卦皆六十四。文王周公因彖十八章究六爻。世之傳説易者正伏羲作八卦不實其本則謂伏羲真作八卦也。伏羲得八卦非作之。文王得成六十四非演之也。演作之言生於俗傳。苟信一文使夫真是幾滅不存。既不知易之為河圖。又不知存于俗何家易也。或時連山歸藏或時周易。案禮夏殷周三家相損益之制。較著不同。如以周家在後論今為周易則禮亦宜為周禮。六典不與今禮相應。今禮未必為周。則亦疑今易未必為周也。案左邱明之傳引周家以卦與今易相應。殆周易也。

王充正説篇首段文字與班固漢書五行志同。充師事班彪得其餘緒。連山歸藏出于河圖洵為不刊之論。不過成因亦未説明。至歸藏連山之成因出于繫辭

易有太極是生兩儀。兩儀生四象。四象生八卦。

此四句是以明連山歸藏之序。其次第為乾一兑二離三震四巽五坎六艮七坤八合之為九。即為河圖之次第。亦可為河圖之數。

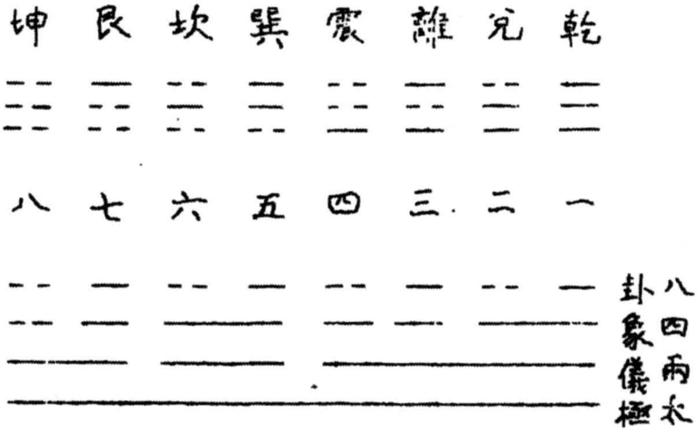

如圖乾一坤八。合之得九。父母
兌二與艮七。合之得九。少女少男
離三與坎六。合之得九。中女中男
震四與巽五。合之得九。長男長女

以次第之巧轉。乃數隨之而生。惟其數與洛書之數大異。宋人謁以十為河圖之說。乃未加推算。姑妄言之。實不足信。劉牧有新注周易十一卷。圖一卷。今佚。四庫本易數鈎隱圖三卷。附遺論九事一卷。以九為河圖。十為洛書。與王充河圖之說相合。至王充謂伏羲氏之王。得河圖。周人曰周易。此亦得之傳聞。因周易之組織。有河圖。有洛書。有九宮。即繫辭天一地二章。六十四卦相繫之理。在生生不已。不若連山歸藏之簡易。是另一組織。連山歸藏與周髀息息相通。

含算術不能通其理。歸藏由方根至五乘方，即為六十四卦。連山是復由六十四卦以一陽一陰加一倍畫之至十二畫。一卦即變為六十四卦。凡四千九十六卦。至周易，非平方，亦非立方，實係球形。球中所容體積。以最簡單之圖畫之六十四卦，得三十二組。見下周易圖。圖由河圖而來。若由洛書求之，決不能得其答數。須將三者分得清楚，則種種障礙立得解決。

孫詒讓札迻卷九論王充正說篇曰。

案此文多譌脫。夏殷二易不宜同出烈山。下烈山氏當作歸藏氏。周人曰周易，當作周人因之曰周易。漢上易傳引姚信曰。連山氏（原注：烈連一聲之轉。）得河圖，夏人因之曰連山。歸藏氏得河圖，商人因之曰歸藏。伏羲氏得河圖，周人因之曰周易。（原注：玉海三十五同。）並與此說同。當據以校正。

孫氏此說。雖以姚信王應麟二說為證。然未究朱震原文。震著漢上易集傳十一卷。圖三卷。叢說三卷。其說未見於集傳。（孫氏云易傳，非。）在圖卷上。河圖云。

王洙（宋人。著易傳十卷。余家有鈔本。今亦佚。）曰。山海經云。伏羲氏得河圖。夏后因之曰連山。黃帝得河圖。商人因之曰歸藏。烈山氏得河圖。周人因之曰周易。斯乃杜子春之所憑。抑知姚信之言非口自出。但所從者異耳。

王洙之說。與孫氏所引不同。在叢說中亦引此說。惟不言王洙。未言烈山氏。世譜所謂神農氏也。與孔穎達正義八論中第三論同。朱氏叢說又云。

易有三名。夏曰連山。商曰歸藏。周曰周易。連山神農氏之別號也。歸藏軒轅氏之別號也。並是代號。所以易題周以別餘代。猶周書周禮之謂也。

此說與前二說相矛盾。又與杜子春連山為伏羲所作說異。余以為連山歸藏是篇籍之名。非作者之名。古之篇名。取定至嚴。連山歸藏。屬易類之書。其正名必與易有關。決不至如此泛泛。後人所謂連山歸藏。乃卜筮者所造繇辭。如漢書藝文志。首載凡為易十三家。二百九十四篇。祖縣按。篇數不合。若以三家各十二篇計之。則恰得二百九十四篇。且篇字下脫圈一二字。下蓍龜十五家中又出周易三十八卷。亦是卜筮之繇辭。

桓譚桓子新論云。

易一曰連山。二曰歸藏。三曰周易。連山八萬言。歸藏四千三百言。御覽六百八。

又云。

連山藏於蘭臺。歸藏藏於太卜。北堂書鈔一百一。連山書鈔作烈山。嚴可均將二條連繫輯入正經九。孫馮翼輯分二條。

文係節錄。非原文。楊慎丹鉛雜錄云。

連山藏于蘭臺。歸藏藏於太卜。見桓譚新論。則後漢時連山歸藏猶存。不可以藝文志不列其目而疑之。

楊慎此說。似是而非。漢書藝文志古雜八十篇。連山歸藏。屬於古易。當包括在古易之內。故不列細目。桓譚但舉連山歸藏二書之言數。而於二書之然否。存而不論。殊失新論體裁。可見桓說已非完文。王充論衡超奇篇、佚文篇、定賢篇、案書篇、對作篇、皆推崇桓譚在其師班固之上。在超奇篇云。

又作新論。論世間事。辯照然否。虛妄之言。偽飾之辭。莫不證定。彼子長（司馬遷）、子雲（揚雄）說論之徒。君山（桓譚字。）為甲。

今桓譚僅舉連山歸藏言數及所藏之地。而不證定二書之然否。與桓譚平日著作之旨大異。惜其說未備。否則有裨益於治易不少。至御覽所引新論。裁取一二句以為典要（嚴馮二氏輯新論。引御覽書鈔。均嫌簡畧。不及羣書治要弘明集之全。且亦無意林藝文類聚之備。）至辯照然否之說。大都刪去。既得鱗爪。追求全體。可證明桓譚對此二書。定屬有貶無褒。以羣籍所引證之。知桓譚之說。定以當時所謂四千三百言八萬言。有虛妄有偽飾。惟全文已佚。後漢書桓譚傳。謂譚喜非毀俗儒。正經篇之作。可決為非毀俗儒之一篇文章。與王充所作正說篇。同一主旨。想其時有俗儒治連山歸藏等經。多不經之說。故譚撰文正之。名曰正經。

今羣籍中引連山者。有干寶周禮注。皇甫謐帝王世紀。（御覽一三五。）酈道元水經注。（卷三十淮水。）李淳風乙巳占。（馬國翰輯連山云。有馮羿者。得不死之藥於西王母。姮娥竊之。一則。注云。引連山。見乙巳占卷一天象篇。不云引連山。）司馬貞史記索隱。（夏本紀。）羅泌路史。（屢見路史注。）黃佐六藝流別。所引畧同。

引歸藏者有干寶周禮注。郭璞爾雅注。山海經注。穆天子傳注。張華博物志。（說見博物志卷九雜說上，未言引歸藏。與御覽七二七引歸藏本蓍篇文同。朱彝尊經義考以為張華博物志語。馬國翰從之。）虞世南北堂書鈔。歐陽詢藝文類聚。孔穎達尚書正義。賈公彥周禮正義。禮記正義。李善文選注。司馬貞史記索隱。徐堅初學記。御覽。邢昺爾雅疏。朱元昇三易備攷。羅泌路史。羅苹路史注。李過西溪易說。朱震漢上易圖。漢上易叢說。王應麟漢書藝文志攷。胡一桂周易啟蒙易傳。徐善四易等書。皆涉及歸藏。然皆卜筮之繇辭。至關於易之正義。均無一字道及。且二書之繇辭。多後人偽造。如鄭母經。啟乘六龍登于天。（郭璞山海經海外西經注文。）鯀去三歲三歲不腐。剖之以吳刀。化為黃熊。（郭璞海內經引開筮。）又大副之吳刀。是用生禹。（初學記二十二。）昔者夏后享神于晉之墟。（文選卷四十六王元長三月三日曲水詩序注引。）禹娶塗山之子名曰攸女。生啟。（御覽一三五引皇甫謐帝王世紀。）此類文字。實與連山歸藏毫無關係。王應麟困學紀聞（卷一）云。

桓譚新論。連山八萬言。歸藏四千三百言。夏易詳而殷易簡。未詳所據。

何焯以為夏易詳而殷易簡句。為桓譚原文。非是。王氏以夏詳殷簡為疑。與黃宗炎尋門餘論說同。今所見連山歸藏之句。皆屬繇辭。與焦贛易林相類。至以數而論。亦與易林相等。王氏在同卷中又言一卦變六十四。六十四卦變四千九十有六。以易林比例之。則八萬言不相上下。惟焦贛以周易之序卦為次第。則既非歸藏。又非連山。類似周易而非周易。所謂殷易簡者。殷人尚龜卜而不尚蓍占。甲骨文字。殷墟發見至多。可以證明。蓍占則竹簡斷爛。求之難得。五代之末。范諤昌治易。自言得於李處約。李得於許堅。在种放陳摶之前。着易證墜簡二卷。惜其書已佚。陳振孫直齋書錄載之。朱震漢上易叢說問及之。諤昌又有源流圖一卷。世或言劉牧之學出於諤昌。諤昌之學出於种放。以時代計之。种在范後。其說未之敢信。書名既曰易證墜簡。則得之於殘簡可知。龜卜之書。漢書藝文志載之。龜書五十二卷。夏龜二十六卷。南龜書二十八卷。巨龜三十六卷。雜龜十六卷。計一百五十八卷。今全部遺佚。胡煦周易函書類函中末附三卷有龜圖。今治易者猶能知蓍法。術已罕見。幸史記褚少卿補龜策列傳。墨子耕柱篇。抱朴子對俗篇。原文猶在。可研究得之。洪範以卜為五。占用二者。言蓍不過得龜之五分之二。故殷人用歸藏為占。其法簡。卜五占用二兩句。自孔安國鄭玄以下。皆無確解。左傳僖四年。蓍短龜長。不如從長。此蓍龜之大別。宋人朱元昇三易備攷。其說厖雜。惟云

連山作於伏羲。用于夏。歸藏作於黃帝。用于商。周公相成王。設官分職。命太卜簭之與周易並掌。不以周用周易。而置連山歸藏于無用。

朱氏此說。言周禮太卜簭人用連山歸藏者。其說可采。後人以洪範三人占。則從二人之言。解釋三人為三人占云。不知三人者。各掌三易以占。於義方合。在箕子說洪範時。周制太卜簭人用三易為占。黃道周三易洞機(有單行本)。亦失之野。總之古人治易者。皆不辨三易組織之法。故愈治愈亂。

李過西溪易說。專言歸藏。其書已佚。朱彝尊經義考采錄至多。惟李過妄改卦名。殊不足取。改六十四卦

為六十卦。缺坤噬嗑賁中孚四卦。或以李氏所據為孟喜京房卦氣。不知卦氣以坎離震兌為四正卦。此據洛書之位。冬至日在坎。春分日在震。夏至日在離。秋分日在兌。魏書律歷志謂之四正卦。又云四正為方伯。每一四正卦。統十五卦。在卦氣並不缺四卦。且李過所缺者。非四正卦。此係杜撰。不足為訓。或又以李過缺四卦。是闡發揚雄太玄經。更非也。雄之學。桓譚重之。見漢書揚雄傳。王充尚薄之。論衡案書對作諸篇。彼作太玄。是根據孟京之卦氣。循卦氣之次序而為之。是言九宮。九宮求卦之法。重在流轉。得九九八十一卦。較歸藏周易多十七卦。令一一推排比類之。與周易重者為十六卦。餘一卦即九宮五五之位。五五者。有數而無卦。即揚雄所謂玄。非老子所謂玄之又玄之玄。是有式可推。有數奇求。猶大衍之數去一不用者。太玄體仿周易文。又奇奧。使人難曉。　先子曾謂玄辭多譏王莽。在吳書趙達傳。言達治九宮一算之術。實惜其術。祕不告人。此術士之慣技。亦不足責。九宮與三易不同。令分析言之。歸藏為體。連山與周易為用。九宮為用中之用。不明九宮。則制器尚象。杆格難通。

此篇以冠三易新論之首。說明連山歸藏是演消息。而無文字。令人所見干寶郭璞注釋中所引盡屬繇辭。又以易類諸家注釋。浩如烟海。俗言爭論。咸成盲人摸象。就理之可采。心之所安。應不分漢宋。擇善而從。繫辭所謂當名辨物。尚不盡三易之蘊。開物成務。方可得三易之用。至制器尚象。在周易繫辭。特舉十三卦。亦不足以概其餘。至其餘四十九卦。正合大衍可用之數。卦卦皆可取象。不僅限于十三卦也。荀子法後王。是掃除厚古者治學之障礙。顏淵曰。舜何人也。余何人也。有為者亦若是。可知學無止境。全在後人發揮而光大之。

沈祖緜　瓞民學

第二章　易名義考

一、易一名而三義解

易字之解釋。漢魏治易者。無肯定語。鄭玄荀爽乾以易知注皆云。

易音亦。陸德明釋文。

鄭玄論語述而篇五十以學易注云。

魯讀易為亦。今從古。

是以易字讀下句。足見漢時治經者。不得直解。付諸讀若。荀爽生生之謂易注又云。

陰陽相易。轉相生也。見李氏集解。

其義又異。唐宋以後。解之者千百倍於漢魏。而言之有當者。寥寥無幾。孔穎達易正義八論云。

夫易者。變化之總名。改換之殊稱。……新新不停。生生相續。莫非資變化之力。換代之功。……謂之為易。取變化之義。

孔說煩。節取其義。惟變化見於繫辭。改換與換代。則經傳未見。孔氏述之。疑其時為講周易之心傳。統觀經傳。改換換代在諸卦中革卦可以當之。先子周易易解云。

革居序卦之四十九。即大衍之數去一不用革也。卷六

是說也。發前人所未發。又革之彖云。

湯武革命。

彖提出革命二字。而易解云。

雖拯民水火。撥亂反正之機。而其時猶未美大同也。

先子解革卦。亦不能盡易之字義。易者當隨時而易。隨事而易。日新其德。勇往向前。在周易以乾居首。乾之象曰。

天行健。君子以自彊不息。

據此。改換換代二者。尚非易字之本義。如人有過遷善。改換二字近之。乾坤資始資生。乃是變化。如孔氏所說。新新不停。生生相續。實為周易之要旨。而連山歸藏。則不可與周易相提並論矣。孔穎達八論中又引乾鑿度云。

易一名而含三義。所謂易也。變易也。不易也。

所謂易也句。鄭玄易贊作易簡也。非是。在今通行本乾鑿度云。

孔子曰。易者易也。變易也。不易也。

與孔穎達所引義同而字異。正義又引周簡子云。

易者。易（原注音亦）也。不易也。變易也。易者。易代之名。凡有無相代。彼此相易。皆是易義。（祖緜按。此言易。）不易者。常體之名。有常有體。无常无體。是不易之義。變易者。相變改之名。兩有所變。此為變易。張氏何氏並用此義云。

周簡子之說。不易變易與今本乾鑿度次序不同。而以三易之序次言之。周說為正。今本乾鑿度不易與變易倒置。不獨三易先後失其序。使義反晦。釋名釋典藝云。

易者言變易也。

劉熙此說與乾鑿度兩相比較。脫字至多。是取賦詩斷章之例。不无語病。畢沅釋名疏證。引鄭玄易贊以證之云。

易之為名也。一言而含三義。易簡一也。變易二也。不易三也。此止言變。其義未滿。

畢說至諦。王先謙釋名疏證補竟從之。至可怪。古人著述有先後。不類。有改變字句。不可縷述。如易有大極。呂氏春秋大樂作太一。不知太極與太一。絕對不同。如乾鑿度下卷云。

故太一取其數以行九宮。四正月（祖緜按。月係四維字之譌。說見上。）皆合於十五。

是言九宮一算之術。鄭玄注重言九宮還宮之法。明白如話。而讀者謂以大一即大極。並舉呂氏春秋大樂篇以正之。此固拘執之論斷。並忘却上卷所謂

孔子曰。易始於太極。太極分而為二。故生天地。

太極大一。二個名詞。乾鑿度分得清楚異常。而呂氏改太極為太一。是作者炫奇立異。正義所據之周簡子。為陳時周弘正。孔氏以謚稱之。疑孔氏之本師。想周氏得見乾鑿度真本。故特表而出之。正義云。張氏何氏並用此義。張疑張譏。何疑何妥。時代尚合。茲分析乾鑿度所舉三義。

一。易者易也。在繫辭。是故易者象也。象也者像也。此言易者易也。即言易者象也。京氏易傳卷下云。易者象也。是襲繫辭語。以象解易。字可深信不疑。

二。不易也。連山歸藏。其書雖無文字。古人特揭出消息二字。是具有一定之公式。其式呆板異常。故曰不易。

三。變易也。在周易尚變通。繫辭所謂窮則變。變則通。二句。盡之變之之例。固有一定之公式。一定之規律。細讀周易。方知變字與轉化之義相似。故周易重在變字。

至易字以變化釋之。吾更得一證據。如周書謚法解。好更改舊曰易。

好更改舊實係自彊不息之意。並可解釋易者易也一句。易之為道唯變所適。則好更改舊四字得易之真諦。並合生生之謂易之誼。若窮滯不通。列子天瑞篇太易者。張湛注曰。易者不窮滯之謂。則非治易之道。故易也二字當以象字達出之。即是物質和運動之不可分離。其主要之公式在六字。繫辭云

易之為書也。廣大悉備。有天道焉。有人道焉。有地道焉。兼三才而兩之。故六。六者非它也。三才之道也。

兼者何。當作連字解。兼即是上下兩卦合解之之謂。此六字直言之。即就是卦之世位在文王演周易時。即根據歸藏橫圖所謂消。是世位逢陽則消。是所謂息。是世位遇陰則息。是消息。即與世位有關。故不能舍消息而言世位。不過歸藏之世位。在一反一覆。是呆板的。乃是不易。在周易則天道地道人道。三才為本。周易以五上兩爻為天道。初二兩爻為地道。三四兩爻為人道。謂之三才。三畫之卦。初畫為地。二畫為人。三畫為天。用法不同。故繫辭曰。故易三畫而成卦。說詳下原畫章。所謂兩之者。蓋接上下兩卦而言。所以這六字。與一卦六爻之六字不同。又與卦之初六六二六三六四六五上六之六字不同。是指上下兩卦世位相合。適成六字數目。在六十四卦中。上下兩卦世位相合。都為六數。即可證明。但兩卦世位合數雖為六字。仍不出三才範圍。故兼三才而兩之一句。重在兼字兩字。下句云。六者非它。三才之道。就說是在三才範圍中有兩個世位。合成六字的緣故。所以周易是變易。例如乾世位居上爻是六。坤世位亦居上爻是六。乾坤序。由坤之世位數至乾之世位。正六數。屯蒙序。屯為坎宮二世之卦。

彖為離宮四世之卦。二四合六。餘可類推。

二、日月為易辨誤

說文解釋易字。

易、蜥易、蝘蜓、守宮也。象形。祕書說。日月為易。一曰从勿。

徐鍇繫傳云。

祕書謂下為月字。日月為易。言陰陽晝夜相變易也。

勿月不同。吾時時懷疑。終不愜意。自小徐以下。清之治許學者。如段玉裁、姚文田、嚴可均、桂馥、王筠、張行孚諸人。皆從其說。治易者上自漢虞翻。下迄清惠棟沈善登。咸从許說。陸德明經典釋文云。

易經名也。虞翻注參同契云。從日下月正。从日勿。

虞翻此注。實昧於字義。而惠棟云。

祕書在參同契之先。魏伯陽蓋有所受之也。（見易例）

考日本刊百卷本一切經音義卷六。大般若經第四百九十四卷。引祕書上有賈字。乃知賈祕書是賈逵。東觀漢紀云。

賈逵兼領秘祖縣按，東觀漢紀，不作秘，書近署。

范蔚宗後漢書賈逵傳云。

與班固並校秘書。

又范書逵傳云。

永元八年。復為侍中。領騎都尉。內備帷幄。兼領秘書。

有云許慎師事賈逵。未得確據。在解中屢出賈侍中說。此云賈秘書說。永元八年。在許沖上書前二十四年。許沖上書。在建光元年。相距二十五年。前云侍中。此云秘書。著書年代不同。官階升遷有異。是秘書係官名。不是書名。可證。丁福保說文詁林已錄入之。至陸德明引參同契日下月工。正疑上字。上古文上。篆文丄作正。乃丄之譌字。至勿以為月。譌之至。不獨失其讀。且失其義。賈秘書云日月為易。是根據繫辭懸象著明莫大於日月一句而來。賈氏此種論調。史氏譏其附會文致。如引左氏明漢為堯後相等。至魏伯陽參同契日月為易句。見上卷。言納甲之理。與易字絕不相侔。說詳拙著周易孟氏學。可无容辯。一切經音義卷三大般若經第三百三十一卷。引說文云。

易。蜥易也。在室曰守宮。在澤曰蜥易。象形字也。

與二徐本全異。蜥易蝘蜓守宮三者。見爾雅釋魚。方言八。淮南子精神訓。廣雅釋魚。埤雅。爾雅翼。駢雅諸書。其形相似。而色則有別。蜥易生山澤中。背金黃色。身碧色。俗呼四脚蛇。蝘蜓大小與守宮相似。碧色性馴良生園圃中。俗呼蝘蜓蛇。守宮黠色。俗呼壁虎。皆善捕蚊蠅。因保護生命之故。其身色時變。故羅泌路發揮云。

易者。蘆蠝之名。守宮是矣。身色無恒。日十二變。是則易者本其變也。

蘆蠝。方言八作蠦蠝。陸佃亦言蜥易善變。

三．易从日从勿考

易字下當从勿。說文。一曰从勿。是也。勿之義。說文云。

州里所建旗。象其柄有三斿。雜帛幅半異。所以趣民。故遽稱勿勿。

日下勿者。象日下見勿。民趣勞作。示以勿象。似詞義未完。在顏氏家訓勉學篇引此云。

勿者。州里所建之旗也。象其柄及三斿之形。所以趣民事。故悤遽者稱為勿勿。

詞義稍完。徐鍇韻會一東悤字引此同。勿有象意。故象字豸字下有勿形。加以ㄑ。因象象屬獸類。故有尾。由易而生象象。終不能離於易象。勿甲骨文字作  形。與許篆略異。郭沫若謂甲骨文之字。或反或正。或順或逆。或繁或省。或分或翕。則勿為旗。趣民事。以為標識。所言字形。殊為正確。至於易言勿在日下。使人一見即明。黎世序河上易注。專據易字名義。上曰下月立說。沈善登譔之。以勿為月。字義盡失。書名一昧。全易難通。古勿物一字。周禮宗伯司常。通帛為旜。雜帛為物。又儀禮士喪禮鄉射禮說注。釋名釋兵。皆引雜帛為物。莊子天道中心物愷。釋文本亦作勿。物說文物萬物也。易重言萬物。乾之彖曰萬物品物庶物。與說文解義同。

日月為易。王應麟亦主是說。謂日月為易。一奇一耦。陰陽之象也。並引王安石詩說李舜臣程迥三說以實之。其言也龐。見困學紀聞一。治易者。以日月為易。以為不祧之論。非是。

四、易者象也解

左傳昭二年云。

晉侯使韓宣子來聘。（祖緜按。宣子。起之謚）觀書於大史氏。見易象與魯春秋。曰周禮盡在魯矣。

杜預注云。

易象上下經之彖辭。魯春秋史記之策書。春秋遵周公之典以序事。故曰周禮盡在魯矣。

杜預以易象為上下經之彖辭。所識者小。管子七法篇。義也。名也。時也。似也。類也。比也。狀也。謂之象。是象所包者廣。繫辭見乃謂之象。韓康伯注云。兆見曰象。繫辭又云。形乃謂之器。制而用之謂之法。利用出入。民咸用之謂之神。則易象之象。即制器尚象之象。當時必有圖案可象。為制器之用。韓康伯所云兆見。是有物可見之證。如漢書藝文志載圖一。及易具八。皆尚象之用。治易者。如京房改消息為寒溫。荀爽改消息為升降。鄭玄之爻辰。虞翻之之變。巧立名目。至易象為治易之要素。擯棄勿治。在施孟梁丘京四家。彼一是非。此一是非。或拘於章句。或泥於術數。未遑計及尚象一事。魯存易象。乃周室之副本。因周室東遷。岐豐為犬戎盤據。在鎬京者已遭兵燹。所謂易象。惟魯猶存。老子在周室。似未見易象。老子云。一生二。二生三。三生萬物。說本歸藏。不及周易。吾友杭辛齋讀易雜識。言及老子之易。未免誇大。

梁履繩左通補釋云。

易。謂周易。穆子之生也。莊叔以周易筮之。（原注昭五。）明魯有周易也。象謂六官所布於邦國者。若治象教象之類。蓋布治布教。則必并其象而布之。桓僖廟災。命藏象曰。舊章不可亡。（原注哀三。）明魯有所布之象也。（見左通補釋二十一卷。）

梁以易象析而為二。非當。是涉下文周禮而譌。與日月為易同一錯誤。幸慧琳猶得見說文古本。使人知易字之義。可以疑團頓解。易與勿二字。今本說文所出易二解。勿一解。據顏之推慧琳所引皆異。可見治古典籍之難。

清儒如惠棟輩。僅搜古訓。不肯從易象根本下手。江永河洛精蘊一書。注意易象。惜未得其門而入。致其書瑜不掩瑕。江以後。如焦循（著雕菰樓易學三種。）端木國瑚（著周易指。）凌堃（著周易翼學。）沈善登（著需時眇言。）杭辛齋（著易學八種。）暨先子著周易易解，周易示兒錄。惠棟易漢學刊誤。六人皆欲明體達用。然所著諸書。雖裨於治易者。借對解釋易字之定義。則皆執游移兩可。當據乾鑿度易義解釋之。所謂易者易也。即繫辭易者象也之意。以象解易。庶能窺易之蘊矣。繫辭見乃謂之象。形乃謂之器。由象形而成物體。即謂之器。六十四卦中不僅有鼎井已成器名。此外未有名詞而根據原理可以造成利用工具。都在人類意象之中。凡易之擬議神化。其重要就在這一點。易義既明。乃可讀易。

三易新論　上卷

沈祖緜　瓞民學

第三章　畫卦原始

一、釋畫

上古結繩而治。其後人事日煩。不能不易之以書契。乾坤鑿度曰。

黃帝曰。聖人索顛作天。索易作地。俯仰而象遠近。而物浩。而功然。而位立。按今本無位字。據注增。

又引大天氏云。

一大之物曰天。

立書契不得不有文字以表明之。故乾坤鑿度以八卦八文為河圖八文。是畫卦為制字之先聲。可無疑。

畫即劃字。在說文。

畫界也。象田四界。聿所以畫之。劃亦古文。

聿為後世所謂筆者。即聿之孳乳。徐鍇繫傳云。

若筆畫之也。口其界也。指事。

徐鍇又云。

刀所以割制之也。

說文大徐本云。

錐刀曰劃。从刀。从畫。畫亦聲。

畫與劃。古今字。繫辭不出畫字。僅云伏羲作八卦。說卦傳始出畫字云。

兼三才而兩之。故易六畫而成卦。分陰分陽。迭用剛柔。故易六畫而成章。

則說卦傳之畫。當作筆畫之畫。釋之為允。或以上古尚未有筆墨。則畫字當作何解也。繫辭云。

上古結繩而治。後世聖人易之以書契。百官以治。萬民以察。蓋取之夬。

契。鄭玄注云。

書之于木。刻其側為契。各持其一。後以相考合。

鄭玄釋契是。今維吾爾自治區南區。嘗發見木契。與鄭注相合。以發見之木契證之。則畫為刻劃之劃。可無疑。乾鑿度言畫卦云。

物有始有壯有究。故三畫而成乾。乾坤相竝而生。物有陰陽。故六畫而成卦。卦者挂也。挂萬物視而見之。故三畫已下為地。四畫已上為天。物感以動。類相應也。陽氣从下生。動於地之下。則應於天之下。動於地之中。則應於天之中。動於地之上。則應於天之上。故初以四。二以五。三以上。此謂之應。

乾鑿度此說雖與三才之道異。因重在應字與三才之理。可以融會貫通。下文又引孔子云。

易有六位。三才天地人道之分際也。三才之道天地人也。天有陰陽。地有柔剛。人有仁義。法此三者。

故生六位。

乾鑿度前後兩說。若細細分析。不无矛盾。雖上言世位與應。僅言天道地道而不言人道。不知世位與應。不能越出三才。否則世位與應。永無決定之語。乾鑿度前一說言畫卦之理。所謂始。是指初爻。猶人在兒童時代。所謂壯。是指二爻。猶人在中年時代。所謂究。是指三爻。猶人衰老時代。此指三畫卦而言。至六畫之卦。初爻與四爻應。四亦作始論。二爻與五爻應。五亦作壯論。三爻與上爻應。上亦作究論。六畫之理如此。

畫卦之劃。又作為畫。作為形象解。義亦可通。爾雅釋言云。

畫。形也。

郭璞注。

畫者為形象。

邢昺疏云。

郭云畫者為形象。考工記云。畫繢之事。其象方天時變。火以圜。山以章。水以龍。鳥獸蛇。是畫者為形象也。

邢昺疏。係節錄。原文詳考工記畫繢。考工記言設色之工。畫繢鍾筐㡛五者。今筐人已佚。不可考。餘四者。其說尚存。釋名釋書契云。

畫。挂也。以五色挂物上也。

御覽七五○引同。畢沅釋名疏證改。

畫。繪也。以五色繪物象也。

原文不誤。畢氏改訂反謬。釋名諸釋。皆以聲通訓。畫挂皆在十六部。妄更改繪。繪與畫不同紐。而畢氏注又云。

今本作畫挂也。以五色挂物上也。據御覽引。祖緜按。釋名原書具在。不當云據御覽云。改挂為繪。據廣韻引。祖緜按。廣韻十五卦畫釋名。畫。挂也。以五色挂物象也。並不作繪。不知畢氏據何本。改上作象。考工記曰。畫繪之事。雜五色。祖緜按。考工記無象字。廣韻有象字。

畢氏書多出賓客之手。不足深責。獨怪江聲審定此書。並寫篆書。江氏治許學者。而未加釐正。不知何故。王先謙釋名疏證補。亦仍畢氏之謬。

二、釋圖

許慎說文云。

圖。畫計難也。从口。从啚。啚。難意也。

小徐本作。

從口啚聲。難意也。

繫傳又云。

口。其規畫也。圖畫必先規畫之。啚者吝嗇。難之意也。

大徐从口从啚。說是。小徐云。從小徐本作從不作从其義有異余引小徐本作從而校者每從為从殊非。口啚聲。啚非聲。亦妄改增一聲字。廣雅釋詁四。

圖。畫也。

尚書顧命河圖。孔安國傳云。

河圖八卦。

太玄玄圖注。

圖者象也。

後漢書光武紀上注。

圖。河圖也。

文選東方朔畫贊陰陽圖緯之學注云。

河圖也。

又文選郭有道（郭有道。郭泰也。）碑探圖緯注云。

圖。河圖也。

以上諸說觀之。圖字指河圖為多。繫辭河出圖。洛出書。聖人則之。正義及集解引鄭玄注云。

春秋緯云。河以通乾出天苞。洛以通神吐地符。河龍圖發。洛龜書成。河圖有九篇。洛書有六篇。

以鄭玄注證之。則圖字當作河圖解。其義方確。此易圖畫兩字義則有異。

三. 釋卦

圖畫既明。乃釋卦字。說卦傳云。

觀變於陰陽而立卦。

韓康伯注云。

卦。象也。

說卦傳之變字。即繫辭十有八變而成易之變。三變成爻。六爻為十有八變。韓注膚與王弼略例明卦適變通爻云。

夫卦者時也。

在易六十四卦中。彖言時者。如豫、隨、賁、頤、大過、坎、遯、睽、蹇、解、損、益、姤、升、革、艮、豐、旅、節、小過二十卦。時為時間之時字解。與彖絕對不侔。且多言某之時。即言在某卦之時間。與彖字義不相合。至象小象文言之時。皆是時間之時字。今王弼以游移兩可之說釋卦。蓋據變通趣時之時立說。不知變通趣時之時字由窮則變。變則通而來。更不知窮通趣時。是指周易由歸藏連山而來。因時間性不同。演周易以合於時間性。故曰趣時。言以消息代趣時。而王弼以卦為時。以易理之公式及界限分之析之。完全出於虛無。流入清談。爾雅釋詁時、是也。作是解。則義始明。王弼於明爻通變云。通乎晝夜之道而无體。一陰一陽而无窮。下一句尚可說得過去。上一句全背易理。繫辭所謂无體。是指變化言。而王弼竟以無體為虛無。大背易旨。易是以有立說。繫辭云。

是故易有太極。是生兩儀。兩儀生四象。四象生八卦。

重言有字不言无字。邢璹(經典釋文璹作濤)。作注更申王義。王邢兩人誤解時字為趨時。惟王弼之學。師承劉表。掃象之外。注多追述馬融。亦有可采者。

韓康伯注。孔穎達正義。未疏。孔氏在乾卦疏云。

乾者。此卦之名。謂之卦者。易緯（祖綿按。乾鑿度文。）云。卦者。掛也。言懸掛物象。以示於人。故謂之卦。但二畫之體。雖象陰陽之氣。未成萬物之象。未得成卦。必三畫以象三才。寫天乾地坤雷震風巽水坎火離山艮澤兌之象。乃謂之卦也。故繫辭云。八卦成列。象在其中矣。是也。

孔疏釋卦字。與釋名釋姿容同。彼云。

卦。賣卦挂也。自挂於市而賣邊。（祖綿按。釋名疏證云。邊段疑是之字。未詳段說據何書。）自可無慙色。言此似之也。

又廣雅釋言云。

卦。挂也。

釋名廣雅釋卦字義。與乾鑿度同。至說文。卦。筮也。卦。畫也。及鄭玄儀禮士冠禮。士喪禮。特牲饋食禮。少牢饋食禮四篇所注。卦字義。皆不及挂字之勝。惟鄭玄士冠禮士喪禮二注中。皆揭出三易為占。而士冠禮並及連山歸藏。是可證連山歸藏二易。鄭氏猶及見之。卦挂為圭之孳乳。其義出於土圭。孟子滕文公篇。圭田之說。自漢迄元。對圭字所解。皆不的當。惟明孫蘭以九章方田解之。謂圭者合二勾股形。其說始成立。因卦字乃圭之孳乳。（見輿地隅說。）孫治六書九章。故其說精核。

四. 畫卦之法

畫卦之法。由數由象由形三者而畫。可據繫辭及說卦傳求之。惟繫辭文已錯亂。說卦傳言象最簡而備。乃就周易之通行本順其先後。舉要列之。畧加按語。今先言數。漢書律歷志云。

自伏羲畫八卦。由數起。

是卦起於數可證。在易有洛書之數。有大衍之數。有生成之數。有歸藏連山之數。有周易之數。有九宮之數。各有定例。不能據甲而證乙。至虞翻之納甲。邵雍之皇極經世之類。其說流入旁門。故不齒及。繫辭言數。列舉如后。

一、六爻之動。三極之道也。　此說與上文引乾鑿度兩文參攷之。六爻皆如此。動指變言。

二、一陰一陽之謂道。　陰陽即正負之記號。歸藏之成因。皆一陽一陰遞生而成。復由陰陽成消息。一陽一陰是兩儀。不是太極。太極呂氏春秋作太一。其文云。造於太一。化為陰陽。高誘注太一道也。陰陽化成萬物也。高注把造與化。道與陰陽。辨明分析。太一兩字雖呂氏門客據莊子天下篇禮記禮運篇所出。太一兩字。或在莊周呂不韋戴德以前已有太一之稱。

三、大衍之數五十。其用四十有九。分而為二以象兩。掛一以象三。揲之以四。以象四時。歸奇於扐以象閏。五歲再閏。故再扐而後掛。　按漢書律歷志曰。以五乘十。大衍之數也。而道據其一。其餘四十九。所當用也。而律歷志對四十有九。無肯定之語。不知此四十有九。乃七七自乘。得四十有九。乃勾股弦之立成之法。詳見周髀算經卷上有圖三可供參攷。不過古之算術。其公式不若後世之巧轉。因學術日有進步所致。至分而為二以象兩以下。其說見孔穎達正義及朱熹筮儀。故不贅。

四。天數五。地數五。五位相得而各有合。天數二十有五。地數三十。凡天地之數五十有五。 按此言洛書之數。又衍而為九宮之數。天數為奇數。即一三五七九。其數相加得二十五。地數為耦數。即二四六八十。其數相加得三十。所謂天地之數。即二十五與三十相加。即得五十有五。惟十為虛數。洛書四十五須去十數。十者為逆數之作用。國內游學歐美之嚀人子弟不考發明者時代。以為即西人之幻方而棄之。主觀未免過深。

五。乾之策二百一十有六。坤之策百四十有四。凡三百有六十。當期之日。二篇之策。萬有一千五百二十。當萬物之數也。是故四營而成易。十有八變而成卦。 按。求乾卦之策數。乾六爻皆陽。用九以四營之。坤卦之策數。坤六爻皆陰。用六以四營之。其策數為、乾6爻×用9×4營＝216策 坤6爻×用6×4營＝144策。兩數相加為三百六十。至萬有一千五百。當萬物之數。漢書律曆志說凡二見。一見量下。一見衡權下。皆以三十斤立說。十有八變而成卦。律曆志云。三十斤為鈞。四鈞為石。忖為十八。易十有八變之象也。顏師古注。引孟康張晏兩說。至清錢大昕始闢孟康說為非。錢說是。

六。參五以變。錯綜其數。 此言洛書數根。又言周易成因。

七、天一地二。天三地四。天五地六。天七地八。天九地十。 此言生成之數。即九宮之數。九宮即洪範。不過洪範不言流轉之式。是呆板的。未盡變化之用。

八、一闔一闢謂之變。 此言動則變之理。上文云夫坤其靜也翕。其動也闢。闔即翕也。乾闢坤闔。陰陽之理如此。虞翻注云陽變闔陰。陰變闢陽。剛柔相推而生變化也。虞注尚非至理。以生生之理立說。當云陽剛闢陰。陰柔闔陽。此之謂變。方合於理。

九、是故易有太極。是生兩儀。兩儀生四象。四象生八卦。 此言歸藏之成立。與周易組織不同。

十、天下之動。貞夫一者也。 貞夫一。簡言之由互相矛盾而彼此一致。貞夫一。非求數不可。

十一、六者非它也。三才之道也。 此言周易上下兩卦世位為六。與歸藏連山不同。

又說卦傳云。

一、參天兩地而倚數。 按。此言洛書圓則為一三九七。方則二四八六。故謂倚數。其根絲毫不亂。

二、是故易逆數也。 按。說卦傳。天地定位章。揭出此句。言河圖之變通。

三、帝出乎震一章。全文提出萬物二字。計十有五。 按此洛書之位。重言萬物者。在制器尚象。若限於卜筮。未免過隘。

以繫辭說卦傳二篇觀之。所謂數。不是片斷無聯繫的。是有科學的基礎。惟繫辭何人著作。則不可考。惟篇中有子曰者可決定非孔子所作。荀子非相篇仲尼長子弓短。非十二子篇兩稱仲尼子弓。儒效篇仲尼子弓。（按韓愈以為荀卿之書。語聖人必曰孔子子弓。子弓之事業不傳。惟太史公書弟子傳有姓名馯臂子弓。子弓受易於商瞿。說見昌黎集二十卷送王秀才序。楊倞以為馯臂傳易之外更無所聞。荀卿論說常與仲尼相配。必非馯臂也。說見非相篇。）在非十二子結論云。宗原應變。曲得有宜。如是然後聖人也。先秦著述能當宗原應變。在繫辭可以當之。余疑子弓為荀卿本師。馯臂江東人。荀卿流寓江東。疑有雅故。繫辭之文不及說卦傳之樸茂。開宗明義天尊地卑等句。與史記樂書雷同。疑係後人竄入。郭沫若以易之作者當是馯臂子弓。（見青銅時代周易之制作時代第六章。）揭出一個重大問題。一再研究。知繫辭出子弓無可疑。因子弓重在變化。尚未及進化。如乾卦象曰自彊不息。大畜彖曰日新其德。益彖曰日進無疆。革彖曰革而當之類。繫辭在古者包犧氏之王天下也一章。三言後世聖人。以法後王。不敢言自我創造。與彖象之思想有異。則所謂十翼者非出於一人可知。

五、象與形之別

象與形有別。在繫辭言象。

一、在天成象。在地成形。變化見矣。

二、是故夫象。聖人有以見天下之賾。而擬諸形容。象其物宜。是故謂之象。

三.天垂象見吉凶聖人則之。

四.仰則觀象於天俯則觀法於地。

據以上四者分析之是象與形不同。象者形雖可見而尚須擬議者是。而形者其形已著无容擬議者是。象與形不可混而為一。在字義說文以象為獸。人部出像字解曰。

像。象也。从人从象讀若養。（祖緜按小徐本象也从人象讀若養食字之養。）

徐鍇繫傳云。

尚書曰。崇德象賢。（祖緜按今尚書無此文。）乃審厥象。（說見上文。）本皆作此像字。作象字。假借也。

繫辭云。

象也者。像此也。

釋象字義頗游移。在韓非解老篇。

人希見生象也。而得死象之骨。案其圖以想其生也。故諸人所以意想者皆得謂之象也。

韓非釋象字。允甲骨文尚未發見像字。祇有象字。而像為象之孳乳。可不必另出像字。而義亦明。漢人釋象二字。馬融在天成象。在地成形。傳云。

象者。日月星。形為植物動物也。

鄭玄注云。

象。日月星辰也。形。謂草木鳥獸也。

魏人王肅注云。

形。山川羣物。

王肅釋形字較馬鄭為備。在象之數。書堯典已發明七政。又如孟子離婁篇云。

天之高也。星辰之遠也。苟求其故。千歲之日至。（日至夏至為日長至冬至為日短至。）可坐而致也。

由此可知古人已能推求歷術。

六。釋道

司馬遷作天官書有云。至天道命不傳。繫辭以形而上者謂之道。道是指天道。但可擬議。无以名之。強名之曰道。這個道字。就形而上學的觀點。把自然現象看成是單獨的彼此孤立的和不變的。這是不科學。而繫辭所謂一陰一陽之謂道。大戴禮本命篇亦曰。一陰一陽。然後成道。在六十四卦中言象。大半以自然現象為人事措施的準則。即就是以存在決定意識。不以意識決定存在。尚含有樸素的唯物主義因素。繫辭言道字。乾道成男。坤道成女。與一陰一陽之說合。不知道字惟太極可以擬議。太極是无陰无陽。

其實內中含有陰陽。餘更芒芴其辭。

王夫之言道字。以氣立說。余以為古人言道。以荀子儒效篇之說較王夫之為正。王說實襲乾鑿度太易者未見氣太初者氣之始二句而來。荀卿云。

此其道出乎一。曷謂一。曰執神而固。曷謂神。曰盡善挾治之謂神。萬物莫足以傾之之謂固。神固之謂聖人。聖人也者。道管也。祖緜按。管字義詳乾鑿度。惟字句有顛倒。天下之道管是矣。百王之道一是矣。

荀卿解道字分析的當。又與乾鑿度易始於一之說合。鶡冠子環流篇有一而有氣說。尚未見的當。以諸說考之。道作一解。其義方合。諺云。道一風同。亦為道字之直解。至繫辭一陰一陽之謂道。把這句細細分析。已涉及兩儀。非是。即老子一生二者。是先秦諸子言道字者。即一書之中。也有先後矛盾者。如管子正篇云。

萬物崇一。陰陽同度曰道。

而心術篇云。

以無為之謂道。

又云。

虛無無形謂之道。

與正篇立論實屬矛盾。郭沫若以管子心術內業兩篇。為宋鈃遺着。（說見青銅時代二五五頁宋鈃尹文遺著考。管子集校六三三頁。）頗具卓見。故與管子之主張不同。又如鶡冠子一書。與老莊同屬道家。而攻擊老子較韓愈原道。措辭更為嚴厲。愈之推重鶡冠子者。實在攻老子。在著希篇云。

道有據（三紀曆曰。道據於一。）

在環流篇云。

無不備之謂道。

又云。

故所謂道者無已者也。

鶡冠子言道殊多。茲略舉而已。其闢老子之所謂道。在夜行篇云

强為之說曰。芴乎芒乎中有象乎。芒乎芴乎中有物乎。窅乎冥乎中有精乎。致信究情復反無貌。鬼見不能為人業。故聖人貴（祖縣按。文義貴上脫不字）夜行。

詆斥老子所謂道如此。當與王弼老子註二十一章參看之。鶡冠子言一字。皆與道字有關。又能天篇云。

道者開物者也。非齊物者也。

開物見繫辭。齊物莊子篇名。余友程耿（金華人。治鶡冠子頗專。）謂鶡冠子為反攻老莊放者之道。（放者之道。見漢書藝文志。）程說

亦是總之。此道字若作一解。當與畫卦有關。唐以前注此二句者。有崔憬及孔穎達兩說。崔云。

此結上文。兼明之形器（祖緜按，此二字不能兼及形道。）變通之事業也。凡天地萬物。皆有形質。就形質之中。有體有用。體者即形質也。用者即形質之妙用也。言有妙理之用。以扶其體。則是道也。其體比用。若器之于物。則是體為形之下。謂之為器也。假令天地圓蓋方軫。為體為器。以萬物資始資生。為用為道。動物以形軀為體為器。以靈識為用為道。植物以枝幹為器為體。以生性為道為用。

崔說僅及形器。而不能兼顧形道。且出體用二字。以賅道與器。若細細分析。道是體。不是用。古無訓道為用者。惟素問天元紀大論。在人為道。王冰注。道為妙用之道也。是王冰襲崔憬說而譌。孔穎達疏云。

是故形而上者謂之道。形而下者謂之器。道是無體之名。形由道而立。是先道而後形。是道在之上。形在道之下。故自形外已上者。謂之道也。自形內而下者。謂之器也。形雖處道器兩畔之際。形在器。不在道也。既有形質。可為器用。故曰形而下者謂之器也。

孔疏所說。若以唯物觀點論之。實不能成立。曰有曰無。二字繫傳中並不提及。乃妄加此兩字。非理之正。

且易之為書。是尚有的。不是尚無的。晉人言易。一派尚有立說。一派尚無立說。繫辭揭出是故易有太極。可知易是有的。不是無的。自周敦頤首創無極而太極。世人遂以為無中生有。不知無極兩字之解釋。當以鶡冠子天則篇為允。彼云。

彼天地之以無極者。以守度而不可濫。

鶡冠子言以守度而不可濫。是言有。不是言無。而下文又云。

日不踰辰。月宿其列。當名服事。星守弗去。弦望晦朔。終始相巡。踰年累歲。用不縵縵。此天之所柄以臨斗者也。

全文是言有。不是言無。孔疏言道是無體之名。形由道而立。此兩句流弊殊多。不知繫辭重在下文三事。

化而裁之謂之變。推而行之謂之通。舉而錯之天下之民謂之事業。

曰變通。曰事業。雖未揭出制器尚象。而制器尚象之事業實包括在其中。最後論有无二字。有則有數有象有形。可以畫出。无則无數无象无形。不能畫出。易主有立說。不主无立說。在繫辭云。

是故易有大極。大極生兩儀。兩儀生四象。四象生八卦。八卦定吉凶。吉凶生大業。

全以有字立說。有字於三易之成因。是肯定的。或以歸藏連山。祇言消息。不言有无。不知尚有。然後有消息。若云无。是无消无息。流入釋氏空相之弊。易乾卦九三厲无咎。釋文引王育說。天屈西北為无。此王育釋无咎。實爲爻言无咎。是言无咎之无。不是有无之无。且无咎二字。在繫辭固有確定之解說。曰。

无咎者。善補過也。

又曰。

震无咎者。存乎悔。

上一說。韓康伯未注。下一句注云。

无咎者。善補過也。震。動也。故動而无咎。存乎悔過也。

韓氏釋无咎如此。无咎係一名詞。與无字義不相類。而釋文以王育之說。以解乾之九三爻之无咎。此說經之大誼。或以繫辭云。

易。无思也。无為也。

藉此為无字之張本。不知无思无為。實為治易之張本。並非為无字之張本。所謂无思无為者。言三易皆有公式。歸藏一陽一陰之位。以消以息。是從位數之連山以歸藏一陽一陰。以消以息。亦從位數之。皆得其遞生之理。周易上下兩卦世位為六。知其理則絲毫不能紊亂。故曰易无思也。无為也。全文重在上文至精至變及下文至神三者。今不顧上下文。截取兩句。效賦詩斷章之義。烏可乎。韓康伯注可采。乃正義雜以玄通及太虛兩个名詞。使義反晦。韓注曰。

夫非忘象者。則无以制象。祖縣按。王弼主忘象。韓說承王弼。此家法也。非遺數者。則无以極數。祖縣按。王弼掃象治易。皆知之。而遺數則人皆未知。在略例明爻通變云。夫情偽之動。非數之所求也。又云。巧歷不能定其算數。又云。度量不能均也。至精者无籌策而不可亂。祖縣按。此句疑錯簡。以下文二句例之。當作至精者籌策而无可亂。至變者體一而无不周。至神者寂然而无不應。斯蓋功用之母。象數所由立。故曰非至精至變至神。則不能與於斯也。

正義加入玄通與太虛兩者。不獨蛇足。使其易理反晦。今當肯定无思无為之无字。當作不字解。於義方合。

或以气為无在乾鑿度。以太易為未見氣。太初為氣之始。又以視之不見。聽之不聞。循之不得。故曰易也。易无形畔。似謂氣生於无。因視不見聽不聞循不得之氣。而遂謂易无形畔。主此說者。匪特不了解三種物體變化。即其所闡述。亦無一定。使易理陷入渾淪之中。說文云。

氣。雲氣也。

釋名釋天。

氣。愾也。愾然有聲而無形也。

素問天元紀大論云。

故在天為氣。

王冰注云。

氣。謂風熱溫燥寒。

以上數則。說文以氣為雲氣。雲氣則視而可見。說文雲山川气也。山川之氣。人目可覩。在素問陰陽應大論亦云。

地氣上為雲。

地氣。即山川氣也。山川之氣。亦視而可見。釋名謂氣愾然有聲而無形。無形則視而不見。有聲則聽而可聞。雲氣成為風。即有聲而無形。所以下文接出風字。並以氣在內與陰為陰。氣在外發揚為陽。是用氣來釋陰陽。也可備一說。但不如以陽為光。陰為氣。（沈善登說光至多。）及形能奪氣（杭辛齋說見學易筆談卷四。天地絪緼條。）較勝。至素問云在天為氣。注云風熱溫燥寒。此祇言氣質或氣候。並非氣體。氣體視之則不見。聽之則不聞。而循之則可得。由此可知古來解釋氣字。或有或無。尚無一定。僅以感性之認識外。對於物質之有無。尚未能明辨。易之精義。在於尚有。若以易无形畔。是乾鑿度之失言。不獨與易旨相違。亦无卦可畫矣。

或又以零為无。治宋易者。以為無極即是零。強執陳善（宋人有石堂遺集。）論無極說。又以周敦頤圖上之一圈。即為零字。不過周陳二氏原文中。並未涉及零字。從後人附會。殊可不必。不知數字上之零字。有位有時。不等於无。且算術中之无字。更有極大作用。以無極為零。顯然不合。把原始的唯物論。變為唯心的了。

讀易自畫卦始。有一定之規律。一一可以畫出。自漢以來。孟梁丘施京四家之易。不求真是。魏晉以降。滲入釋氏之說。流入虛無。唐時以王弼為主。而孔穎達作正義。委曲求全。不能暢所欲言。李鼎祚集易說。搜羅舊說。不過稍復面目。僅得訓詁之末而已。至宋競言天命解易。其義更晦。若不從畫卦入手。則易義不明矣。

第四章　河洛考原

沈祖緜　瓞民學

繫辭云。

河出圖。洛出書。聖人則之。

聖人則之。是河圖洛書二者。孔門所不廢。今則為漢宋兩派聚訟之點。清黃宗羲毛甡胡渭惠棟輩。欲伸漢而屈宋。駁斥河圖洛書。而惠棟尤甚。（按姚配中說。游移漢宋之間。其案語。此亦神物天地變之類。河圖洛書。未聞其詳。）其易漢學辨河圖洛書。以為張衡桓譚所痛斥。考之張衡傳。

衡上疏。臣聞聖人明審律歷。以定吉凶。重之以卜筮。雜之以九宮。

又曰。

圖讖成哀平之際也。且河洛六藝篇錄已定。（祖緜按。衡疏篇錄已定。則有書可知。其書錄定在哀平之前。）後人皮傳。无所容篡。（祖緜）

按。衡言河洛六藝篇錄已定。則後人圖讖之說。不能篡入。

先子曰。

閱原文。知衡所痛斥者。係圖讖。非河圖洛書也。若痛斥河洛。何必再云篇錄已定。乃作者誤解圖讖之圖。混而為河圖之圖。此惠氏誤解原文所致。（見中華書局出版中國語文學研究。先子著惠棟易漢學正誤。）

後漢書桓譚傳。譚疏云。

今者巧慧小才伎數之人。增益圖書。矯稱讖記。以欺惑貪邪。詿誤人主。焉可不抑遠之哉。

是桓譚以圖書與讖記為二事可證。而惠棟又謂。

桓譚新論曰。河圖洛書但有兆朕而不可知。乃知漢以來並未有圖書之象。（見意林三。）

先子曰。

按新論。讖出河圖洛書。原文具在。班班可考。（祖縣按。桓譚新論。全書已佚。係據馬氏意林節錄本。）今惠氏節去讖出二字。（祖縣按先子周易易解卷八。解此原文有讖出二字。而校勘者根據惠氏易漢學誤節去讖出二字。）武斷為桓氏痛斥之張本。奈何。細繹桓氏之意。讖自讖。河圖洛書自河圖洛書。亦恐後人皮傅。故慨乎言之爾。

此惠棟竄改原文。以符其說爾。惠棟周易述注則采禮記禮運。其言曰。

天不愛其道。故河出圖。地不愛其寶。故洛出書。聖人則之。體信以達順。遂致太平也。（祖縣按禮運原文天不愛其道。地不愛其寶。人不愛其情。故天降膏露。地出醴泉。山出器車。河出馬圖。）

其疏則删改集解所引鄭玄注云。天不愛其道。地不愛其寶。禮運文。鄭氏易注。據春秋緯云。河以通乾出天苞。是天不愛其道。故河出圖也。又云。洛以流坤吐地符。是地不愛其寶。故洛出書也。河圖洛書。謂帝王受命之符。以解河圖洛書。流入圖讖矣。姚配中以河圖洛書。衆家異說。莫可攷正。姚說非當。徵之羣經。書顧命。

大玉夷玉。天球河圖。在東序。

孔安國注曰。

河圖八卦。伏羲王天下。龍馬出河。遂則其文。以畫八卦。謂之河圖。

正義引王肅注。

河圖八卦也。

詩大雅文王正義引鄭玄云。

河圖洛書。皆天神言語。所以教告王者也。

下并有一段。其語更涉神話。茲不錄。禮記禮運云。

河出馬圖。

鄭玄注。

馬圖。負圖而出也。

正義引尚書中侯握河紀。

伏羲有天下。龍馬負圖出於河。遂法以畫八卦。

路史注引三墳書。見路史卷一禪通紀太昊。亦言龍馬負圖。始畫卦也。史記平準書。索隱引易。

　在天莫如龍。在地莫如馬。

後漢書馬援傳有云。

　行天莫如龍。行地莫如馬。

言龍馬二字頗詳。乾坤鑿度云。

　乾為龍。純顥氣。氣若龍。是龍者。假象也。

論語子罕篇云。

　河不出圖。

何晏集解引孔安國云。

　河圖八卦。

至易注正義序。謂孔安國馬融姚信說。伏羲得河圖而作易。

舉經已畢。益之以緯。緯與讖異。因漢時帝王喜讖。以讖亂緯矣。其實讖自讖。緯自緯。不能相混。乾坤鑿度

曰。

有河圖八文。

易緯是類謀曰。

河龍圖。雒龜書。

禮緯含文嘉曰。

伏羲德合上下。天應以鳥獸文章。地應以河圖洛書。乃則象而作易。（祖綿按。乃則象而作易句。從路史注補。）

緯言圖書者夥矣。故畧舉其概。又河圖洛書有專門緯文。如孫穀古微書。喬松年緯攟。輯佚至多。如後漢楊震等專治河洛之說。後漢書載之頗詳。治漢學者不加考索。致流於疏濶。

次徵之以史。史記孔子世家。

魯哀公十四年春。狩大野。叔孫氏車子鉏商獲獸。以為不祥。仲尼視之曰麟也。取之曰河不出圖。雒不出書。吾已矣夫。

集解引孔安國云。

聖人受命。則河出圖。今无此瑞。吾已矣夫者。不得見河圖八卦是也。

漢書鼂錯傳。賢良文學對策云。

河出圖。洛出書。

同書孝武紀元光元年。（按公孫弘傳作五年。）詔賢良。亦有河洛出圖書。公孫弘傳。

弘對策有曰河出圖洛出書。

同書李尋傳。

尋對災異曰。天下有道。則河出圖洛出書。

又溝洫志。谷永上言。

河中國之經瀆。聖王興。則出圖書。

據此。則惠棟謂知漢以來。並未有圖書之家。殊誤。又翟義傳云。

河圖洛書。遠自昆侖。出于重壄。

此雖王莽托經文過之辭。或以為河圖洛書。乃劉歆所偽造。其實劉歆之前。有公孫弘李尋谷永。劉歆之後。有班固劉瑜。固自叙傳。述五行志第七云。

河圖命庖。洛書賜禹。八卦成列。九疇逌叙。

李奇云。

河圖即八卦也。洛書即洪範九疇也。

以公孫弘班固證之。可知非劉歆所能偽造也。漢書五行志。

易曰。天垂象見吉凶。聖人象之。河出圖。雒出書。聖人則之。

劉歆以為虙羲氏繼天而王。受河圖。則而畫之。八卦是也。禹治洪水。賜雒書。法而陳之。洪範是也。又以為武王問雒書於箕子。箕子對禹得雒書之意也。

是以雒書為九疇矣。又謂初一曰五行。至威用六極。凡此六十五字。歆以為雒書本文。所謂天迺錫禹大法。九章常事所次者也。又謂河圖雒書相為經緯。八卦九章相為表裏。

愚以為天賜禹洪範九疇。亦屬不經。禹浮於洛。而得九疇。因洪水為災。典物汨陳。禹治水時。失而復得。亦理之常。又藝文志云。

易曰。河出圖。洛出書。聖人則之。故書之所起遠矣。至孔子篡焉。上斷於堯。下訖於秦。凡百篇。以為之序。言其作意。

圖書是指易。令班固用之以序書雒書之包括至廣。按如洪範之類與易有關。究屬牽強。漢書藝文志載有圖書祕記十七篇。今已佚。是否言河洛之理。則不可考。然屬天文類。疑非。後漢書劉瑜傳云。

桓帝延熹八年。上書曰。河圖授嗣。正在九房。

徐穉傳注引謝承書云。

穉兼綜風角。星官。算歷。河圖。七緯。推算。

又方術樊英傳云。

英習京氏易兼明五經。又善風角、星算、河洛、七緯、推步、災異。著易章句。

又方術列傳序云。

若夫陰陽推步之學往往見於墳記矣。然神經怪牒玉策金繩關局於明靈之府。封縢於瑤壇之上。靡得而窺也。至乃河洛之文。龜龍之圖。箕子之術。師曠之書。緯候之部。（祖縣按，候即內書中候之類。）鈐決之符。皆所以探抽冥賾。參驗人區。時有可聞者矣。（祖縣按，史言如河洛等類典籍尚可見之，非秘本也。）其流又有風角、遁甲、七政、元氣、六日七分、逢占、日者、挺專、須臾、孤虛之術。及望雲省氣。推處祥妖。亦有以效事也。

讀此文。知漢時河洛之文不獨卓犖成家。亦視為恒事。更證之諸子路史注引壺子云。（壺子未詳何人，俟考。北堂書鈔歲時部引尸子，伏羲始畫八卦，別八節而化天下，文相似。）

伏羲法八極作八卦。黃帝體九竅以定九宮。皆近取諸身。遠取諸物。

管子小匡篇云。

河出圖。洛出書。

墨子非攻篇云。

河出綠圖。（祖縣按，綠即籙，音通。）地出乘黃。

莊子天運篇云。

九洛之事。治成德備。

注云。

九洛。即洪範九疇。禹時洛出之書。

呂氏春秋恃君覽云。

綠圖幡薄。從此生矣。

呂作綠。祖縣按。洛綠音與墨子同。大戴禮明堂說云。

二九四句。七五三句。六一八句。

即九宮之法。與今人以為宋人偽造為洛書者。方位數目相同。淮南子俶真篇云。

洛出丹書。河出綠圖。

桓譚新論說見前。漢人能知五行者。惟王充。雷虛篇云。

夫雷。火也。氣剡人。祖縣按。友人孫仁和論衡舉正。據玉燭寶典正也字衍。是也 人不得无跡。如炙處。狀似文字。人見之謂天記書其過以示百姓。是復虛妄也。使人盡有過。天用雷殺人。殺人當彰其惡。以懲其後。明著其文字。不當闇昧。圖出於河。書出於洛。河圖洛書。天地所為。人讀知之。今雷死之書。亦天所為也。何故難知。

讀充論。知河圖洛書在漢時易讀之書。人多知之。非玄文可知。又感虛篇云。

傳書言。倉頡作書。天雨粟。鬼夜哭。此言文章興而亂漸見。故其妖變致天雨粟。鬼夜哭也。夫言天雨粟。鬼夜哭。實也。言其應倉頡作書。虛也。夫河出圖。洛出書。聖帝明王之瑞應也。圖書文章與倉頡所作字畫何以異。天地為圖書。倉頡作文字。業與天地同。指與鬼神合。何非何惡。而致雨粟神哭之怪。使天地鬼神惡人有書。則其出圖書非也。

王充言圖書文章與倉頡所作字畫何以異。則圖書漢人多習見之可知。惠棟以為漢以來並未有圖書之象。夫子曰。河不出圖。東序河圖。後人安得見之。其說更陋。又正說篇云。

說易者。皆謂伏羲作八卦。文王演為六十四。夫聖王起。河出圖。洛出書。伏羲王。河圖從河水中出。易卦是也。祖縣按。王氏此句。可證河圖即易卦也。禹之時得洛書。書從洛水中出。洪範九章是也。祖縣按。王氏此語與劉歆同。故伏羲以卦治天下。禹按洪範以治洪水。古者烈山氏之王得河圖。夏后因之曰連山。烈山氏之王得河圖。殷人因之曰歸藏。伏羲氏之王得河圖。周人曰周易。其經卦皆六十四。文王周公彖十八章究六爻。祖縣按。周公彖易。王充此論及之。彖十八者。彖下有脫文。疑即繫辭十有八變而成易也。世之傳說易者言伏羲作八卦。不實其本。則謂伏羲真作八卦也。伏羲得八卦。非作之。文王得成六十四。非演之也。演作之說。生於俗傳。苟信一文。使夫真是幾滅不存。既不知易之為河圖。又不知存於俗何家易也。或時連山歸藏。或時周易。案禮夏殷周三家相損益之制。較著不同。如以周家在後論。今為周易。則禮亦宜為後禮。六典不與今禮相應。今禮未必為周。則亦疑今易未必為周也。案左丘明之傳引周家。以卦與今易相應。殆周易也。

王充此言。河圖與俗家易相提並論。足以證漢時河圖之說。普周於藝林矣。餘如子華子等書。後人以為偽。可不引。至漢人之賦引之者。如揚子雲覈靈賦曰。

大易之始。河序龍馬。洛貢龜書。按賦佚。文選陸倕石闕銘注。

張衡東京賦。

龍圖授羲。龜書畀姒。

綜以上諸說論斷之。則河圖漢人斷定為八卦。洛書斷定為九疇。按九疇即九宮。似無疑義。至龍圖龜書之說。跡近神話。曰龍圖。曰龍馬出河。曰龍馬負圖。取八卦成列之名而言。是作卦時定南乾北坤之位也。按與說卦傳天地定位一章合。乾天也。象龍。坤地也。象馬。南北相對。故曰負。負訓背。負者對也。乾坤負而為天地定位。洛書即洪範九疇。大戴禮明堂位。呂覽十二紀。禮記曲禮並言。前朱雀而後玄武。左青龍而右白虎。其數其位。漢儒已明白言之。所謂龜書者。即說卦帝出乎震一章。今洛書之位。離南坎北。數起於一。一居坎位。故曲禮諸書謂之玄武。呂覽孟冬紀云。

其日壬癸。祖綿按。高誘注。壬癸水日。說卦傳坎為水。其神玄冥。

玄武。即玄冥。水神之名。後漢書張衡傳注云。

玄武。謂龜蛇也。

又馮衍傳注云。

玄武。謂龜蛇。位在北方。故曰玄。

又王梁傳注云。

玄武。北方之神。龜蛇合體。

三注均誤以龜蛇釋曲禮鄭玄注。以此四獸為軍陳。象天也。如玄武為龜蛇。則為五獸矣。正義云。

玄武。龜也。龜有甲。能禦武。用也。

其說是。洛書之數。自玄武始。故曰龜書。繫傳下曰。

古者庖犧氏之王天下也。仰則觀象於天。俯則觀法於地。觀鳥獸之文。與地之宜。近取諸身。遠取諸物。於是始作八卦。以通神明之德。以類萬物之情。

言伏羲畫卦如此。未言因圖書而畫卦也。此圖此書。聖人則之。並未言聖人則此圖此書。然後畫卦。又疑所謂龜書者。蓋古時鐫石之工未精。將初一曰五行至威用六極六十五字。按六十五字言九疇之數與方位與洛書同。鐫之甲骨。禹治水。浮洛而得之。因文字在龜甲。故曰龜書。得之於洛。故曰洛書。亦未可知。洪範云。

箕子乃言曰。我聞在昔，鯀陻洪水，汨陳其五行，帝乃震怒，不畀洪範九疇，彝倫攸斁。（祖縣按：帝，五帝之名，此帝字乃堯也。孔安國傳，以天釋帝，誤。）鯀則殛死，禹乃嗣興，天乃錫禹洪範九疇，彝倫攸敘。

細繹其文，知堯尚有洪範九疇。禹繼鯀治水，浮洛而又得九疇。足證九疇當時流傳人間者。則非絕无否則不必言帝乃震怒不畀洪範九疇。又河圖洛書，漢人類能知之，宋人仍其名而未驗其實。清之治漢學者，疏於稽考，惠棟竟以為漢人所未言，是陳摶之創見，皆其失也。

總之，河圖即八卦，洛書即九疇，為治易之大要。不明河洛，即不能知易之所以然之理。河圖洛書，是三畫之卦，不是六畫之卦。河圖言位，洛書言數。歸藏橫圖排列之次第，與周易上下二卦之連繫，全出河圖。至九宮九九之數，非洛書不能成。今以經緯史子漢賦之言，以證河圖洛書之非偽也。

三易新論　上卷

沈祖緜　瓞民學

第五章　河洛發微

一、八卦圖考

說卦傳帝出乎震一章。述八卦方位甚詳。自漢以來。凡律歷禮樂咸宗之。至宋以天地定位一章。別出一圖。於是八卦圖有二。一為乾上坤下。一為離南坎北。名乾上坤下之圖。為先天圖。離南坎北之圖。為後天圖。其圖起於何時。則不可考。然先天後天之說。始見於典籍者。為文言之先天而天不違。後天而奉天時兩句。漢儒發其端者。為服虔、荀九家、荀爽、虞翻。且虞氏之說。又與圖合。宋時雖先後天之圖盛行。而先後天圖之出此二句。均未揭而出之。至清端木國瑚周易指注此二句。乃言曰。

　　易中凡言先後。皆以先天後天為義。

先子謂斯言也。發先人所未言。易之大義。一言包括盡之矣。推重如此。正義左傳昭二十有九年引服虔注。其同人云。

　　見龍在田。曰天在上。火炎上。同于天。天不可同。故曰同人。

李氏集解引荀九家同人象注云。

謂乾舍於離。同而為日。天日同明。以照于下。君子則之。上下同心。故曰同人。

又同人彖李氏集解引荀爽注云。

乾舍于離。相與同居。故曰同人也。

又荀爽注乾卦文言水流濕火就燥云。

陽動之坤而為坎。陰動之乾而成離。

以各注觀之。即言說卦傳天地定位一章之卦位。變帝出乎震一章之卦位。是以宋人名之先天後天。定名之初。不可攷。而其位與說卦傳合。不妨仍借其名。以便學者記憶。先天之乾。即後天之離。服虔所謂火炎上。同于天。荀爽所謂陽動之坤而為坎也。又左傳閔二年。遇大有之乾云。同復于父。敬如君所。按、復即覆。火而復于乾。指離復于乾。先後天同位。乾為父。故曰同復于父。閔元年。遇屯之比。比者坎坤。亦先後天同位。坤為母。故曰母覆之。僖十五年。遇歸妹之睽。歸妹震上。睽離上。離震先後天同位也。故曰震之離。亦離之震。其餘可徵引者多。茲不贅。觀此則先天後天之方位。可不籍乎圖。學者可自明矣。

二. 先天後天圖考

王充論衡初稟篇云。

夫大人者。與天地合其德。與日月合其明。與四時合其序。與鬼神合其吉凶。先天而天不違。後天而奉天時。如必須天有命。乃以從事。安得先天而後天乎。以其不待天命。直以心發。故有先天後天之勤。（祖緜按、勤疑動字之誤、管子動作勤。）言合天時。故有不違奉天之文。論語曰大哉堯之為君。唯天為大。唯堯則之。王者則天不違。奉天之義也。推自然之理。與天合同。是則所謂天命文王也。

又寒溫篇云。

夫大人與天地合德。先天而天不違。後天而奉天時。洪範曰急恒寒若。舒恒燠若。如洪範之言。天氣隨人易從。當先天而天不違耳。何故復言後天而奉天時乎。後者天已寒溫於前。而人賞罰於後也。由此言之。人言與尚書不合。一疑也。

細繹充論。如漢時先天後天之說。盛行。故充疑而衡之。至先天後天有圖與否。語焉不詳。然其對作論云。

易言伏羲作八卦。前是未有八卦。伏羲造之。故曰作也。文王圖八。自演為六十四。故曰衍。

伏羲作卦。有圖无圖。玆姑不論。而文王有圖。據王充之說。已班班可攷矣。合之虞翻易注。更可探賾索隱焉。虞翻乾文言先天而天不違注云。

乾為天。為先。大人在乾五。乾五之坤五。天象在先。故先天而天弗違。（祖緜按、惠棟周易述改虞注為乾九二在先。故曰先天。而居坤五。故天弗違。坤六五在後。故曰後天。降居乾位。故奉天時。悖矣。）

按先天之圖。後人以為與說卦天地定位一節合。是圖以乾居首以象天。故虞翻以乾為先。又虞翻注後天而奉天時云。奉承行乾四祖緜按、張惠言周易四字竄改虞氏易增四字。今從之。之坤初成震。震為後也。震春、兌秋、坎冬、離夏。四時象具。故後天而奉天時。謂承天時行順也。

祖緜按。後天之圖。震春、兌秋、坎冬、離夏。後人以為與說卦帝出乎震一節合。是後天之圖。以震春始。由震春而離夏。由離夏而兌秋。由兌秋而坎冬。承天時行。故虞氏以順釋之。後春為始。故虞氏以震為後也。即後天以震為始之意。

三、先後天圖不始陳摶考

先後天之圖。後人以為始於陳摶。摶得之於道家。考乾坤鑿度注云。

庖氏建治於宛墟。今宋國陳留縣。有八卦臺。運蓍圖。日月朝神記。緜韋冠服。天一太一冊在。

雖未能決定為先天後天二圖。然有圖則河讖也。或以乾坤鑿度為偽書。其說不足徵。而宣和博古圖及金石索載歷代諸竟。如六朝百鍊竟。唐有二十八宿竟。唐二十八宿竟。二唐遺鏡。又八卦竟。又八卦菱花竟。均為後天八卦圖。又河南陳州睢寧縣西南三里許。伏羲廟前有臺。曰八卦臺。上有石刊圖。路史禪通紀太昊上注云。

世紀天皇庖羲徙治陳倉。地非陳國。則必宛丘矣。然列代以宛丘為太昊之虛。今宛丘北一里。有伏羲廟。八卦壇。

寰宇記亦云。

伏羲於蔡水得龜。因畫八卦之壇。有長史張齊文李邕易之。

然九域志陳蔡俱有八卦壇。此後人之附會。按姚薛亦云。黃帝都陳者。則羲皇俱在西方矣。豈其先後徙邪。考諸圖均在宋之前。而陳摶之圖或出于此。未可知也。

至直揭為易圖者。在唐以前。漢書藝文志易十三家內載圖一。是漢時已有圖矣。又後漢紀建武四年桓譚上書云。

或收古之圖書。增益造飾。稱孔子並為讖語。以誑誤人主。

祖緜按。東漢初讖緯之說盛行。依附古之圖與書。今雖不可見。亦足徵漢時有圖矣。隋書經籍志云。

易類。梁有周易乾坤三象周易新圖各一卷。又有周易普玄圖八卷。薛景和撰。

是易之有圖可證在唐以前矣。全祖望讀易別錄云。

周易新圖一卷。隋志誤入經部。

又云。

薛景和周易普玄圖八卷。隋志誤入經部。

按全祖望以為五行家言。非儒家言。不知儒。說文。術士也。普玄圖至八卷之多。讀其卷數。其圖之多可知。

長孫氏隋書藝文志。易類列圖。及五行類列圖。與易類似之圖尤多。（祖䋐按。五行類所列各圖。用易名者。有九宮圖一卷。九宮變圖一卷。九宮八卦蟠龍圖一卷。易通卦驗玄圖一卷。易通統圖二卷。易新圖序一卷。易通統圖一卷。易八卦命錄斗內圖一卷。易斗圖一卷。易統八卦斗內圖二卷。八卦斗內圖二卷。周易分野星圖一卷。其小注梁有易八卦五行圖。周易斗中八卦絕命圖。周易斗中推遊年圖各一卷等。）何以有列於易類。有列於五行類。必有一定之理。全祖望斷為誤列。不免無稽。古之圖籍亡者夥矣。惜不可得耳。（祖䋐按。見人引書。書中有圖。每刪去。古人精華盡失。而易尤甚。）

或曰。子以六朝與唐時竟為讖。何以漢魏之鏡金石書所載甚夥。竟用十二辰。而不用卦。曰。漢人重十二辰。律歷志可考也。然十二辰出於卦。劉熙釋名釋天云。

子。孳也。陽氣始萌。孳生于下也。於易為坎。坎。險也。丑。紐也。寒氣自屈紐也。於易為艮。艮。限也。時未可聽物生。限止之也。卯。冒也。載冒土而出也。於易為震。二月之時。雷始震也。巳。已也。陽氣畢布已也。於易為巽。巽。散也。物皆生布散也。午。仵也。陰氣從下上。與陽相仵逆也。於易為離。離。麗也。物皆附麗陽氣以茂也。酉。秀也。秀者物皆成也。於易為兌。兌。說也。物得備足。皆喜悅也。

以釋名明之。可不必有卦圖。而圖自在。並可知卦與辰合。則漢竟之用十二辰。猶用八卦耳。或又曰。釋名既言辰。何以不言日。答曰。十日中惟壬言之。曰。壬。妊也。陰陽交物懷妊也。至子而萌也。祖䋐按。十日之壬癸十二辰之子。於易為坎。至子。而萌，子與壬比。故曰至子而萌。至東方朔神異經云。

東方有宮……題曰天地長男之宮。(震。)西方有宮……題曰天地少女之宮。(兌。)中央有宮……題曰天皇之宮。南方有宮……題曰天皇中女之宮。(離。)北方有宮……題曰天地中男之宮。(坎。)東南有宮。……題曰天地少男之宮。西北有宮……題曰地皇之宮。

隱然是一卦圖。惟文有奪訛。如天皇中女之宮。疑作天地中女之宮。東南有宮。至題曰地皇之宮。中脫奪東北有宮。故文錯亂。又如十洲記云。

玄洲在北海之中。戌亥之地。長洲一名青丘。在南海辰巳之地。生洲在東海丑寅之間。聚窟洲在西海中申未之地。崑崙在西海之戌地。北海之亥也。

蓋世代日進。非八方所能該。乃益之以十丘、十二辰、四維。故十洲記又云。

天地設位。物象之宜。上聖觀方。緣形而著爾。乃處玄風于西極(祖縣按。乾為天。玄也。)坐王母於坤鄉。昆吾鎮於流澤。(流澤。兌也。)扶桑(扶桑。震也。)植于碧津。離合火生。而光獸生于炎野(炎野。南方也。)坎總聚陰。是以仙都宅於海島。艮位名山。蓬生鎮於寅丑。(寅丑于易為艮。)巽體元女。(元女。長女也。)巨木養于長洲。(本記。長洲一名青丘。在南海辰巳之地。辰巳于卦為巽。)高風鼓於群龍之位。暢靈符于瑕丘。至妙深幽神。難盡真人隱宅。靈陵所在。六合之內。豈唯數處而已哉。

此二書雖為六朝人所偽造。究為六朝以前人語。於後天之位。據實而言之。是非擬議之言可比也。言雖不經。亦足見當時俗家之說有合於易理。

隋書及北史王劭傳云。

時有人於黄鳳泉浴。有二白石。頗有文理。遂附其文以為字。復言有諸物象。而上奏曰。其大玉有日月星辰。八卦五岳及二麟雙鳳。朱龍朱雀騶虞玄武。各當其方位。又有五行十日十二辰之名。凡二十七字。又有天門地戶人門鬼門閉九字。又有却非及二鳥。其鳥皆人面。則抱朴子所謂千秋萬歲者也。

二史作王劭傳者。皆為唐人。以此證之。八卦當其方位。即有圖之證。而後人云出于陳搏者。實誤。

四. 河洛之轉變

河圖即先天。洛書即後天。先後天之說。見於文言。在繫辭。易有太極。是生兩儀。兩儀生四象。四象生八卦一節。將兩儀四象八卦排列之。如甲圖。清毛甡等闢之。或以為陰陽太陽少陰少陽太陰（見稽覽圖春秋繁露官制象天章及漢書律歷志）之名。未見易之經傳。繫傳所云。非甲圖也。兩儀宜作天地解。四象宜作四時解。夫兩儀者陰陽也。四象者。兩兩儀也。若囿於天地。拘泥于四時。皆迂。由是觀之。四象生八卦則可。四時生八卦則不可。

甲圖

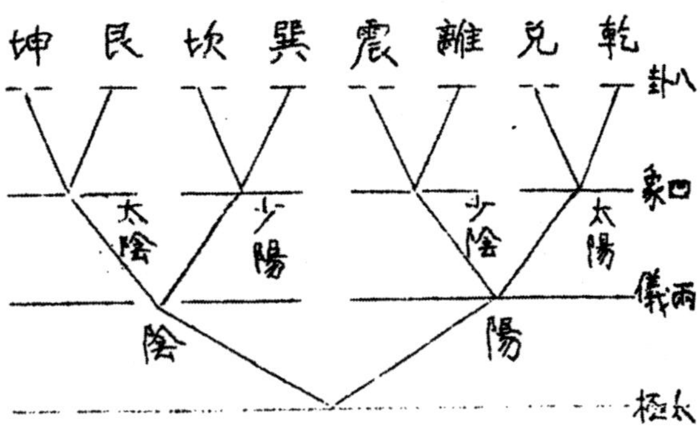

太極一生兩儀二。兩儀二生四象四。四象四生八卦八。以甲圖觀之。排列之次。一乾二兌三離四震五巽六坎七艮八坤。其序井然。雖易之經傳未明言之。而☰為乾。☱為兌。☲為離。☳為震。☴為巽。☵為坎。☶為艮。☷為坤。易經已標其名。讀易者均能識之。如是按甲圖而讀之。是八卦之生。出於四象。四象出於兩儀。兩儀出於太極明矣。

乾鑿度引孔子云。

易始於太極。太極分而為二。故生天地。天地有春秋冬夏之節。故生四時。四時各有陰陽剛柔之分。故生八卦。八卦成列。天地之道立。雷風水火山澤之象定矣。其布散用事也。震生物于東方。位在二月。巽散之于東南。位在四月。離長之于南方。位在五月。坤養之于西南方。位在八月。乾制之于西北方。位在十月。坎藏之于北方。位在十一月。艮終始之于東北方。位在十二月。八卦之氣終。則四正四維之分明。生長收藏之道備。陰陽之禮定。神明之德通。而萬物各以其類成矣。皆易之所包也。至矣哉易之德也。

禮運云。

夫禮必本於太一。分而為天地。轉而為陰陽。變而為四時。列而為鬼神。其降曰命。其官於天也。

董仲舒春秋繁露五行相生文云。

天地之氣合而為一。分而為陰陽。判而為四時。列而為五行。行者行也。其行不全。故謂之五行。五行者五官也。

此三說禮運春秋繁露與繫傳易有太極一節合。乾鑿度之說。與說卦帝出乎震合。然猶以為漢儒說經者未得取信於學者。爰引先秦諸子。先秦諸子言太極兩儀。莫若呂覽大樂篇為備。其言云。

太一出兩儀。兩儀出陰陽。陰陽變化。一上一下。合而成章。渾渾沌沌。離則復合。合則復離。是謂天常。

與繫傳雖未全合。是兩儀之為陰陽實无可疑。惟乾鑿度禮運春秋繁露以四為四時。解則立說過窄。而

唐王勃八卦大演論。言先天卦位至詳。見王子安集。惜其文有脫奪處。

或曰。上所述者擬議之為後天卦位。而先天卦位。乾一兌二離三震四巽五坎六艮七坤八。亦未能相符合。答曰。漢書郊祀志云。

王莽又奏言書曰類於上帝。禋於六宗。歐陽大小夏侯三家說六宗。皆曰上不及天。下不及地。旁不及四方。在六者之間。助陰陽變化。實一而名六。名實不相應。禮記祀典。功施于民則祀之。天文日月星辰所昭仰也。地理山川海澤所生殖也。易有八卦。乾坤六子。水火不相悖。山澤通氣。然後能變化。既成萬物也。

按王莽奏書在建平之時。歐陽大小夏侯氏之學皆出於倪寬在武帝時。距建平時。約二百年矣。其說也決其非劉歆所偽造。即歐陽後人有事王莽者而後漢書祭祀志章懷太子注。以為歐陽和伯夏侯建之言。非其後人可證。其注云。

　六宗上不謂天。下不謂地。旁不謂四方。在六者之間。助陰陽變化者。

此明證也。周禮春官宗伯賈公彥疏謂。

　劉歆孔昭（孔昭即孔晁。）以為震巽等六子之卦為六宗。誤。

非也。且誤解漢書郊祀志原文。上不及天者天位乎乾也。下不及墜者地位乎坤也。旁不及四方者不以後天之卦。東震西兌南離北坎。而以乾坤統六子。故曰在六者之間。則先天之位。班班可考矣。且按之晉王嘉拾遺記春皇庖犧。調和八風。以畫八卦。分六位以正六宗。其說相合。

或曰既云四象生八卦。何以繫傳不云八卦生六十四卦。然繫傳有之。八卦而小成。所謂小成者。猶未能盡萬物之理可知。至六十四卦。上經得三十卦。下經得三十四卦。合之得六十四卦。此六十四卦。乃是八卦所生。且繫傳云。

　乾之策二百一十有六。坤之策百四十有四。凡三百有六十。當期之日。二篇之策。萬有一千五百二十。當萬物之數也。

則八卦生六十四卦。傳雖未表而出之。而上下經篇名彰彰具在。以策數合之无不適合。

先後天之圖。近人多以為出于道家。非也。余初亦疑之。 先子在京識白雲觀中人得讀全藏在自得齋雜著云。

道藏實无足觀。後余至北京寓白雲觀。凡四月。閱畢至道藏中洞真部。戒律威儀方法並以符咒法錄。依附佛教。其陋極。洞元洞神二部。更不足觀。老列莊周淮南伯陽抱朴諸書。為藏中巨擘。余嘗謂讀一全藏。不如讀史記卦禪書漢書郊祀志二篇。至周易在道藏著錄各書。洞元部陽字號六卷。內周易圖三卷。大易象數鉤深圖三卷。又洞部虛字號計十一卷。易數鉤隱圖三卷。易數鉤隱圖遺論九事一卷。易象圖說內外篇六卷。玄元十子圖一卷。又太玄部。洞元部之輔。若字號有易外別傳一卷。易筮通變三卷。易圖通變四卷。大清部情字號。逸字號有大原發微十八卷。板本雖不同。而其書均坊間通行本也。至尤奇者。儒家以為先天後天之說。出于道家。道家以為出于邵子。無論邵子為真人。怪誕甚矣。而宋文鑑所載陳摶易龍圖序。藏中亦未收。至此先後天之圖出乎道家之證據。亦未能明確。

世人多以乾一兌二離三震四巽五坎六艮七坤八之數為疑。然此之一二三四五六七八。非數也。乃兩儀生四象。四象生八卦之次序爾。 先子周易示兒錄中編第九章有云。

先天由一至四。由五至八。今人呼為乾一兌二離三震四巽五坎六艮七坤八者也。凡卦數奇為陽。

耦為陰。而先天无陰陽之別。世多疑之。其實卦自卦。數自數。二者不能相混。世人讀乾一兌二。不過取讀之易耳。爻象用數。有用先天數者。以數代之而已。

此言先天即歸藏之次第。亦即橫圖第四層。與周易異。

乙圖

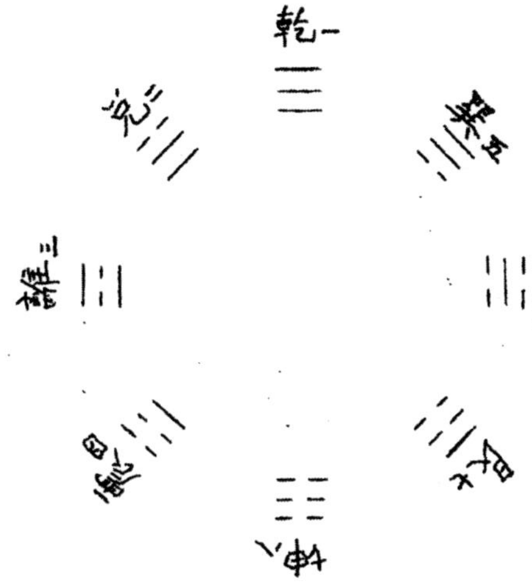

說卦傳。

天地定位。山澤通氣。雷風相薄。水火不相射。八卦相錯。

按。既云相錯。天地定位。則乾坤相錯。山澤通氣。則艮兌相錯。雷風相薄。則震巽相錯。水火不相射。則坎離相錯。錯即對待。如此即可以圖擬議之。如乙圖。孔疏云。

聖人重卦。令八卦相錯。乾坤、震巽、坎離、艮兌。莫不交互而相重。以象天地、雷風、水火、山澤。莫不相錯。則易之爻位。與天地等。

按孔疏以為重卦可以八卦相錯。推而通之。則天地定位一章。可以擬議為先天圖。而與虞翻先天而天不違注合。其次序即甲圖也。繫傳所謂八卦成列者是。如在六畫之卦。乾坤相錯為泰。泰者陰陽相交。三上兩爻之變為損䷨。即山澤通氣也。以三畫之卦言之。即乾坤之三索也。泰初四兩爻之變為恒䷟。即雷風相薄也。以三畫卦言之。即乾坤之一索也。泰二五之變為既濟䷾。以三畫卦言之。即乾坤之再索也。乾坤相錯而為泰。由泰之變。初四應。三上應。二五應。以成山澤雷風水火。反之泰為否。由否之變而成雷風水火山澤。亦如是。故乾坤鑿度曰。乾坤對。大易興者是。至虞氏注八卦成列象在其中云。

彖謂三才成八卦之象。乾坤列東。艮兌列南。震巽列西。坎離在中。故八卦成列。則象在其中。天垂象。見吉凶。聖人象之是也。

按虞氏此注。圖于納甲之說。乾坤列東者。乾納甲。坤納乙也。甲乙在東方。艮兌列南者。艮納丙。兌納丁也。丙丁在南方。震巽列西者。震納庚。巽納辛也。庚辛在西方。坎離在中者。坎納戊。離納己也。戊己位中央。夫十日之是原。在卦位已定之後。不能于卦位未定之前。舍卦位而先論十日。此虞氏之大誤。且乾甲坤乙之說。推震春離夏兌秋坎冬。又不能通矣。以納甲證此。所識者小。不如用乙圖之為愈也。或曰。即有先天之說。虞氏以納甲為證。則先天出于納甲无疑義。曰。納甲之說。虞氏注參同契。陸德明釋文引之。

易盈隻反。此經名也。虞翻注參同契云。字從日下月。

今虞注參同契不可見。虞氏易注中。如坤卦辭注。及乾坤列東之語。細讀其全注。並非以納甲之說為易之指歸。至惠棟漢易學卷三。說虞仲翔學。五位相得而各有合節內載一圖。惠棟云。

右圖見宋本參同契當是仲翔所作。

先子譏其武斷。見惠棟易漢學正誤。而其所注易例。亦引虞翻注參同契。其文開宗明義即云。八卦由納甲而生。執此以解易道隘矣。或又曰。繫辭、是故易有太極。太極生兩儀。兩儀生四象。四象生八卦。虞氏注云。

太極、太一也。分為天地。故生兩儀也。四象、四時也。兩儀、謂乾坤也。乾二五之坤。成坎離震兌。震春兌秋、坎冬、離夏。故兩儀生四象。歸妹卦備。故象獨稱天地之大義也。四象。乾二五之坤。則生震坎艮坤二五之乾。則生巽離兌。故四象生八卦。乾坤生春。艮兌生夏。震巽生秋。坎離生冬者也。

是兩儀為乾坤。四象為四時之明證。答曰。二儀四象。呂氏春秋云。

離而復合。合而復離。

是以天地乾坤、動靜、剛柔、日月、寒暑、男女、均可以兩儀象之。四時四方等均可以四象象之。繫傳云。廣大配天地。乾大生。坤廣生。是以乾坤配天地。所謂配字其義可知。又云。變通配四時。何以不曰陰陽配四時。又云。陰陽之義配日月。何以不曰陰陽之義配兩儀。又云。揲之以四。以象四時。則以四可象四時。非謂四即四時也。又云。是故四營而成易。何以不曰四時而成易。又云。變通莫大乎四時。可知四時由變化而來。則四時與四象固有別。且古者庖犧氏之王天下也一節。虞翻注云。

謂庖犧觀鳥獸之文。則天八卦。效之。易有太極。是生兩儀。兩儀生四象。四象生八卦。八卦乃四象之所生。非庖犧之所造也。故曰象也者象此者也。則大人造爻象以象天卦可知也。而讀易者咸以為庖犧之時天未有八卦。恐失之矣。天垂象示吉凶聖人象之則天已有八卦之象。

細繹是注。知四時象也效四象而成四時而已。

或曰。漢書律歷志言四象拘以四時言答曰否律歷志四象四時並提不過律歷志不以河圖立說而以洛書立說。讀時當細別之。茲節錄其言曰。

以陰陽言之大陰者北方……於時為冬。……少陰者西方。……於時為秋。……太陽者南方。……於時為夏。……少陽者東方。……於時為春。中央陰陽之中。……於時為四季土。……陰陽之義四方四時之體。五常五行之象。厥法有品。各順其方。而應其行。……

觀此可知四象係廣義。四時為狹義也。太平御覽百四十六卷引干寶周官天官冢宰辨四方位注云。

辨方謂別東西南北之名。以表陰陽也。正位謂君南面當陽。臣北面即陰。居后於北。以體太陰。居太子於東宮。以位少陽之數。

則全以方位釋太陽少陰少陽太陰之名。史籍亦載之矣。

孔疏以聖人重卦。令八卦相錯。如乙圖乾坤錯為天地定位。乾錯坤䷋為否。坤錯乾䷊為泰。艮兌錯為山澤通氣。艮錯兌䷨為損。兌錯艮䷞為咸。震巽錯為雷風相薄。震錯巽䷟為恒。巽錯震䷩為益引而伸之即為虞翻先天而天不違之注。乾五之坤五成坎之理。可以相通。

後天卦位其原出於說卦傳。

帝出乎震。齊乎巽。相見乎離。致役乎坤。說言乎兌。戰乎乾。勞乎坎。成言乎艮。

而干寶周禮注引云。

此連山之易也。

羅泌路史發揮亦云。

夫易之古莫古于連山。是則說卦記載此文。意者其引用連山乎。

干寶羅泌二說皆譌。此八句係洛書之位。連山亦從歸藏消息而來。桓譚新論云。連山八萬言。蓋後漢時。此書尚存。桓譚猶見之爾。此八萬言。疑即連山之繇辭。而虞翻後天而奉天時注云。

震春。兌秋。坎冬。離夏之四時。

與說卦帝出乎震章。及震東方之卦也章合。且謂乾四之坤初成震。震後也。夫震何以為後。與震春之說悖。彼所謂震為後者。是言震在後天卦位。以四時象與言之。震為首也。

欲明象非先識數不可。不明乎數。即不能推象。漢書律歷志云。

伏羲畫八卦由數起。

是為數與卦不能相離之明證。又云。

天之數始于一。終于二十五。……終天之數得八十一。……地之數始于二。終于三十。……得六十。

……人者繼天順地。序氣成物。統八卦調八風。理八政。正八節。諧八音。舞八佾。監八方。被八方。以終天地之功。故八八六十四。其義極天之變。

可知數分天地人三才。所謂天數始于一。終于二十五者。即繫辭傳天一天三天五天七天九。合之為二十五。所謂地數始于二。終于三十者。即繫傳地二地四地六地八地十。合之為三十。所謂人數。即八卦因而重之之數。即六十四卦是也。調八風等。雖可附會卦理。然均出勉強。

或曰。天數八十一。地數六十。從何起乎。曰漢書律曆志云。

天之中數五。

韋昭注云。

一三在上。七九在下。

此說是也。蓋以一因三為三。以三因三為九。以三因九為二十七。再以三因之。得終天之數八十一。以三因之者。用參天也。律歷志又云。

地之中數六。

韋昭注云。

　　二四在上。八十在下。

斯二因二為四。二因四為八。二因八為十六。去十之數不用。十即地數也。得六。以十因六得六十。此終地之數也。以二因之者用兩地也。以此求之則天地之數是明。

易以乾為天。以坤為地而无人卦。然六十四卦中无卦非人事。三百八十四爻中无爻而非人事。形而下者謂之器。言人能終天地之功。形而上者謂之道。言人能極天地之變。通變成文極數定象惟人而已。故先天何以變後天。先天何以通後天。是一貫三極之道。三才為天地人。即繫傳以三畫之卦。初為地。二為人。三為天。以六畫之卦言之初兼二為地。三兼四為人。五兼六為天。三才、漢書律歷志謂之天道地道人道。是三才在漢時定為固有之名詞。後又加三統之說。妄謂天開於子。地闢於丑。人生於寅。以三才依附殊非。在乾鑿度以氣質形三者形容天地人三者。以氣擬議天。以質擬議地。以形擬議人。其說較為確當。而其結論揭出易无形畔。下卷作易无形埒。把形字拋去。而氣質二者更不顧及。此古時立說首尾不能相應之大病。在鄭玄注乾之九二乾之九三乾之九五云。

　　二於三才為地道。三於三才為人道。五於三才為天道。

虞翻注乾文言是故居上位而不驕云。

天道三才。一乾而以至三乾。成故為上。

又引而申之。觸類而長之注云。

引謂庖犧氏引信三才。兼而兩之。以六畫觸動也。

侯果注乾文言上不在天。下不在田。中不在人云。

案下繫易有天道。有地道。有人道。兼三才而兩之。謂兩爻為一才也。初兼二地也。二兼四人也。五兼六天也。

以此證之。先天後天之淵源自明。故乾鑿度云。

八卦之變象感在人。

丙圖

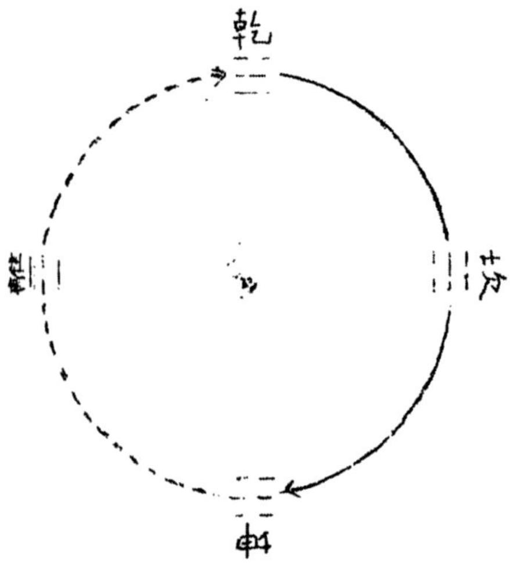

先天變後天。即河圖變洛書。其功用在三才。今將乙圖變為方圓二圖。以圓象天。即繫辭所謂蓍之德圓而神。以方形地。即繫辭卦之德方以知。今列圓圖（丙圖）如上。

六畫之卦。三才之道備。已見前說。至于三畫之卦。初為地。二為人。三為天。乾、天也。坤、地也。乾坤之初三兩爻為天地。其中爻為人。坎中爻之陽爻。即乾中爻之陽爻也。今以剛柔相推之理。推而至于坤爻之中爻。即為坎。離中爻之陰爻即坤中爻之陰爻也。今以剛柔相推之理。推而至于乾之中爻。即為離。乾坤本孤陽獨陰。今以相推之故。然後能生生不息。人道始備。故上經始乾坤。終坎離。而乾離交互。坤坎交互。即乾坤二五兩爻之變。合六畫成卦。是為水火既濟䷾反之為水火未濟䷿。故下經終既濟未濟。虞翻注乾文言先天而天不違云。

乾五之坤五。

又離注云。

坤二五之乾。與坎旁通。

又坎注云。

乾二五之坤。與離旁通。

可知虞翻已揭其原。人病不求耳。陰陽互易。乾之離。陽之陰。坤之坎。即陰之陽。乾天道坤地道。今之坎離。人道也。坎離居先天乾坤之位。是為先天變後天之第一變。如下圖。

乾天坤地。以二五兩爻之變化。而為坎離。由天道地道而為人道。後天之卦位已得其二。然上經始乾坤。終坎離。下經終既濟未濟。一部大易始終无遺。而三才之道悉備。惟着之德圓而僅得其半。由此再推。代

圖以盡人道。此水火不相射也。水火本相射。相射、相厭也。坎離相錯而成既濟䷾。既濟者陰陽變理焉
得謂之不相射。圖圓順行。離上坎下。而得水火未濟。未
濟者。卦不當位。故以不相射形容之。離上爻變為震。天
道也。坎之初爻變為兌。地道也。既濟未濟兩卦。專言人
道。人道者在天地之中。能終天地之功。極天地之變者
也。今離變震以應天道。坎變兌以竝地道。震兌䷵為
雷澤歸妹。為兌宮之歸魂。以八宮論六十四卦之末。不從
橫圖也。故其象云。
　天地之大義也。
又云。
　歸妹、人之始終也。
坎離相推而成歸妹。而人道備。故虞翻注云。
　震東、兌西、離南、坎北。六十四卦。此象最備。四時正
　卦。故天地之義也。

丁圖

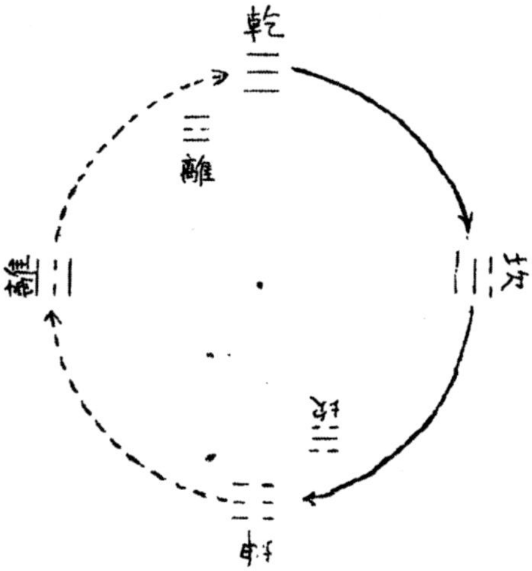

戊圖

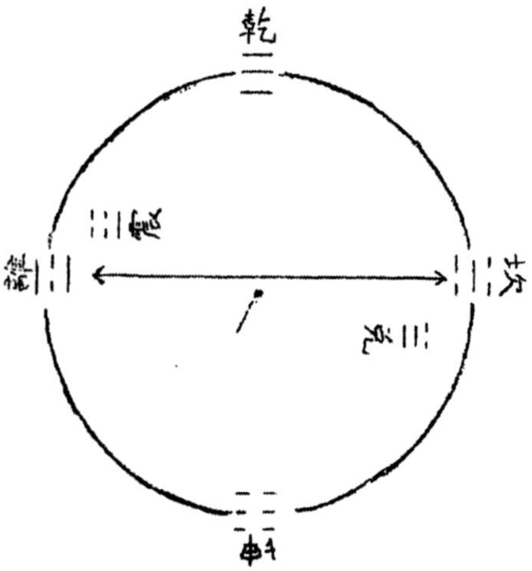

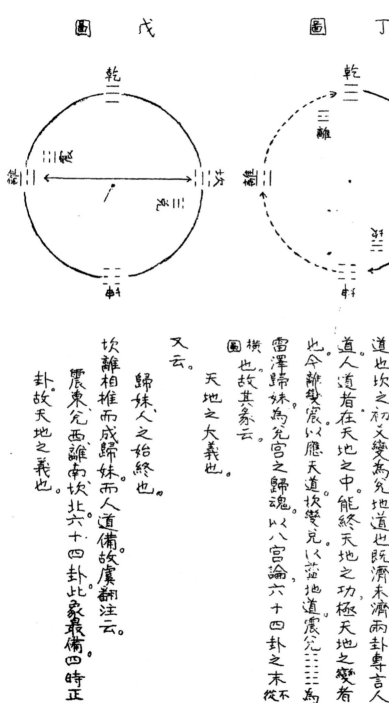

反之兌震☱☳為澤雷隨。為震宮之歸魂。隨之象云。

而天下隨時。

虞翻注云。

乾為天坤為下。震春兌秋。三四之正。坎冬離夏。四時位正。時行則行。故天下隨時。

按易用之字指變言。三四之正。猶言三爻變四爻變而得正也。先天之坎離。三四兩爻變。坎為兌。離為震。坎冬離夏。四時位正者。位卩乾坤之位。說卦所謂天地定位之位者。是乾坤之位。離坎含之得冬夏之時。故曰位正。此為坎離震兌。震春兌秋坎冬離夏。故兩儀生四象。歸妹卦備。故彖獨稱天地之義也。虞翻此注。與丁戊二圖合。又重言獨字。則先天變後天之則。虞翻已發洩其理。惜措辭晦澀。學者未易求之。此震兌居先天離坎之位。是為先天變後天之第二變。因象天。故先天之陰陽與後天必互易。至此乃言地道。地道方也。故以方象之。如己圖。

己圖

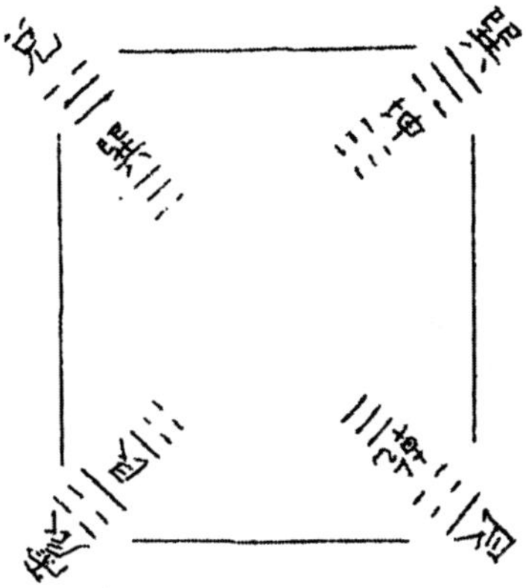

天道圓。陰陽變易。地道方。陰陽不易。方者其相推之法。亦與圓異。圓者以神。方者以知。此為推求之公式。如己圖。兌☱與震☳。巽☴與艮☶。各居一邊。故兌與震互。巽與艮互。

而其進退。仍即既濟之道。因非既濟之理。不能盡天人之應。即不能盡變化之功。如兌☱與震☳相互為澤雷隨。隨反之歸魂。猶震也。反之為雷澤歸妹䷵。歸妹兌之歸魂。猶兌也。兌與震者。即為後天卦位第二變。兌秋震春之正。以兌震相錯。三四兩爻變為水火既濟䷾。三四人道。從既濟初上兩爻變為漸䷴漸。艮之歸魂也。初爻為地。上爻為天。而三才悉備。由兌變巽。由震變艮。巽艮居先天兌震之位。為先天變後天之第三變。先天之巽變後天之坤。女由長女而為母。陰為陽消。先天之艮變為後天之乾。男由少男而為父。是為陰息。巽與艮互。而其進退仍非既濟。不可不以既濟之理。即不能窮變化之功。如☴巽與艮☶相互為風山漸。艮之歸魂也。猶艮也。巽與艮者。即為後天卦位第三變。漸初上兩爻變為水火既濟䷾。天道也。地道也。復從既濟二五兩爻變為地天泰䷊。二五人道也。復歸于乾坤。乾坤居先天艮巽之位。是為先天變後天之第四變。

凡此四變。第一變乾坤退而坎離進。第二變坎離退震兌進。第三變震兌退而巽艮進。第四變巽艮退而乾坤進。原始要終。即繫辭傳所謂陰陽不測之謂神。繫辭云。

上古之聰明睿知神武而不殺者夫。

虞翻注云。

謂大人也。庖犧在乾五動而之坤。與天地合聰明。在坎為聰。在離為明。神武謂乾。睿知為坤。乾坤坎

庚圖

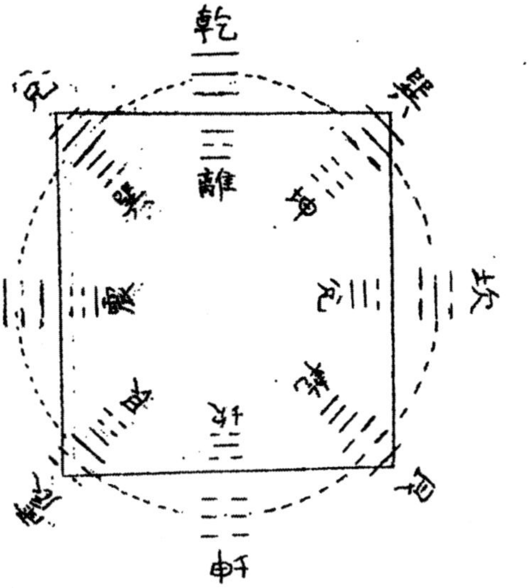

辛圖

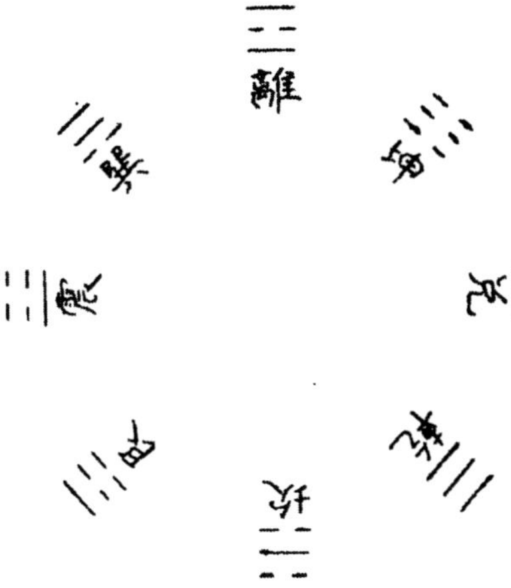

離。反復不衰。故而不殺者。

虞氏所謂乾坤坎離反復不衰。即乾鑿度所謂子受父母之位。行父母之事。

圓方兩圖合。即繫辭所謂範圍天地而不過。曲成萬物而不遺者。是所謂引而伸之。觸類而長之者。是所謂變通者趣時者也者。是圓者變易。故謂之神。方者不易。故謂之知。以圓容方。三才之道見。(庚圖)細讀虞翻易義。知先天後天之說。虞翻已得本原。非起於宋時也。

三易新論 上卷

沈祖綿 瓞民學

第六章 太極義證

一 太一太極釋義

大一（大一即太一。）太極二者。古籍多互引。繫辭云。

是故易有太極。太極生兩儀。兩儀生四象。四象生八卦。

禮記禮運篇云。

是故夫禮。必本於大一。分而為天地。轉而為陰陽。變而為四時。

義與繫辭同。天地陰陽。古時皆作兩儀解。四時作四象解。莊子大宗師出太極。天下篇出太一。大宗師云。

夫道有情有信。無為無形。可傳而不可受。可得而不可見。自本自根。未有天地。自古以固存。神鬼神帝生天生地。在太極之先而不為高。在六極之下而不為深。先天地生而不為久。長於上古而不為老。

天下篇云。

建之以常無有。主之以太一。

莊子兩說。前一說。以高釋極。得極字之意。後一說。建之與主之。常無有與太一。皆相對為文。近人譚戒甫莊子天下篇校釋云。

常無、太一、對文。有讀為又。此謂二子充其所修。既立以常無。又主之以太一也。自來學者皆讀常無有為句。竊疑不然。華中日報社印本二十二頁。

譚說有字讀又。非是。常無有三字。太一兩字。相對為文。先秦此種句法。不勝枚舉。且常無有承老子第一章。此據王弼注分章。故常無欲以觀其妙。常有欲以觀其徼而來。若以今人之行文法例之。當作常有常無四字。而莊子作常無有三字。是簡而言之。莊子天下篇出太一。呂氏春秋大樂篇亦引太一。其言云

音樂之所由來者遠矣。生於度量。本於太一。太一出兩儀。兩儀出陰陽。高誘注。兩儀天地也。出。生也。祖縣按。高注以兩儀為天地。所指者隘。如晝夜、寒暑、男女、雌雄、牡牝。皆可作兩儀解。儀、度也。與上文云。生於度量。本於太一義合。詩曹風鳲鳩。其儀不忒可證。陰陽變化。一上一下。合而成章。注。章猶形也。祖縣按。坤六三含章可貞。以美釋章義亦欠明。同書勿躬篇。名號已章矣。注。章。明也。又知度篇。而堯舜之所以章也。注。章。著明也。似以明釋之為允。在詩章句疏云。章者。明也。總義包括所以明情者也。亦一旁證。下文提出七个一字。結句又云。為聖人故知一則明。明兩則狂。高誘未注。韓非解老云。心不能審得失之地。則謂之狂。是狂與明相對為文。此云章字。為表明之意。渾渾沌沌。離則復合。合則復離。注。渾讀如袞冕之袞。沌讀近屯。離散合會。祖縣按。注釋渾沌二字。不若乾鑿度之明晳。彼云。氣形質具而未離。故曰渾淪。渾淪者。言萬物相渾成而未相離。注。一本淪作沌。是謂天常。注。天之常道。祖縣按。注膚。越語。無忘國常。韋解。常。典法也。天地車輪。注。輪。轉。終則復始。極則復反。莫不咸當。日月星辰。或疾或徐。日月不同。以盡其行。注。不同度。有長短。以盡其行度也。起牽牛。至周於牽牛。故曰以盡其行。祖縣按。起牽牛。是呂氏作書時之宿度。今因歲差之故。已移別宮。義詳孔廣牧禮記天算釋及近人劉坦中國古代之星歲紀年。四時代

興。或暑或寒。或短或長。或柔或剛。注、冬寒夏暑、冬至短、夏至長、春柔而夏剛。萬物所出。造注、一作本。於太一。化於陰陽。注、造、始也。太一、道也。陰陽、化成萬物者也。

大樂篇之太一。以樂立說。因樂之聲音出於律呂。乃立算之根。言詳漢書律歷志。凡度量衡無不自數而來。繫辭之所謂太極由一陽一陰遞生而立成圖式。只有次序而無數之可推。後人以為河圖者是。大樂篇之太一。已有數之可據。故漢書律歷志之所謂兩儀四象八卦。皆有數可推。後人所謂洛書者是。是繫辭言體。大樂篇言用。分別仔細。知其本末。以治先秦諸子。方可迎刃而解。至乾鑿度上卷之太極。即為繫辭之太極。乾鑿度下卷言太一。乃述九宮之術。即繫辭天一地二節之說。即是洪範正文及注解釋已略具端倪。惟其功用尚未說明。呂氏春秋大樂篇又云

　務樂有術。必有平出。平出於公。公出於道。惟得道之人。其可與言樂乎。

又云。

　道也者。視之不見。聽之不聞。不可為狀。則幾於知之矣。道也者至精也。不可為形。不可為名。彊為之謂之道。

此以太一為道。與繫辭之太極。尚屬兩事。繫辭之太極乃是道之體。大樂篇之太一。乃是道之用。管子正篇荀子儒效篇。皆以一為道。呂氏春秋以太一為道。加以太字。無非形容崇高之意。至繫辭所謂一陰一

陽之謂道。乃以消息分陰陽。既分陰陽。乃是兩儀。即不是道。而是儀。又形而上者謂之道。實開後世性理之說。把道字當作虛無渺漠之稱。致後世以心為太極。說更奇異。

虞翻注是。故易有太極句云。

　　太極太一也。分為天地。故生兩儀也。

據虞氏說。漢時太極太一則已并作一說矣。後漢書班固傳典引篇云。

　　太極之原。兩儀始分。烟烟熅熅。有沈而奧。有浮而清。沈浮交錯。庶類混成。

此係韻文。分熅韻。烟熅繫辭作絪縕。文選注烟烟熅熅。陰陽和一相扶貌也。疑烟烟熅熅上有脫句。或以原分熅三句叶。然原與分熅不同紐。說者以為合韻轉韻。殊非。鄭玄注云。

　　極中之道。淳和未分之道也。

此注見文選十九張華勵志詩大儀斡運句。李善引鄭玄此注。極中之道四字當極字逗。中之道句。中字有研究之價值。在魏晉時王弼之注已佚。韓康伯之注猶存其言曰。

　　夫有必始於无。故太極生兩儀也。太極者无稱之稱。不可得而名。取其有之所極。況之太極者也。

韓注首句與第二句不能相銜結。或以周敦頤通書無極而太極出於老子。復歸於無極一語。王弼著老子。又著周易。晉人清談者謂之玄。又謂之老易。余以為周說實本此注。自周敦頤無極而太極之說出。生出無窮障礙。以性理治易。其實誤於韓康伯夫有必始於无一句。宋時朱熹攻擊周說。各執是非。莫能定論。

王韓以後。有紀瞻與顧榮之辨太極。晉書紀瞻傳云。

瞻與顧榮同赴洛。在途共論易太極。榮曰。太極者。蓋謂混沌之時。曚昧未分。日月含其輝。祖縣按。顧榮以日月為兩儀。八卦隱其神。祖縣按。神即以通神明之德之神。亦即陰陽不測之謂神。亦即利用出入民咸用之謂之神。神非鬼神之神。韓注。神也者。變化之極。妙萬物而為言。不可以形詰者也。此神字。當作神明解。亦即顯道神德行之神。天地混其體。聖人藏其身。然後廓然既變。清濁乃陳。二儀著象。陰陽交泰。萬物始萌。六合闓拓。老子曰。有物混成。先天地生。誠易之太極也。祖縣按。顧榮說易之太極。尚在兩王擬議之間。究竟何物。未說明。氏云。太極天地。祖縣按。王氏即王弼。今繫辭王弼注已佚。韓康伯注。夫物必始於无。故太極生兩儀也。與王氏不同。是愚謂未當。夫兩儀之位。以體為稱。則是天地。以氣為名。則名陰陽。祖縣按。榮以體氣兩字。分而說兩儀。非明易者不能道。然不能使人領會。沈善登以光字氣字立說。更勝。今若謂太極為天地。則是天地自生。無生天地者也。祖縣按。榮駁王說允。老子又曰。天地所以能長且久者。以其不自生。故能長久。祖縣按。長久。今本作長生。焦竑嚴可均據邢州龍興碑。皆訂作長久。與紀瞻傳同。一生二。二生三。三生萬物。以資始。沖氣以為和。祖縣按。今本一生二上。有道生一句。生當從高誘大樂篇作出解。為正。以資始三字。今本作萬物負陰而抱陽。原元氣之木。祖縣按。木係本字之譌。求天地之根。恐疑以此為準也。祖縣按。準即準字。瞻曰。昔庖犧畫八卦。陰陽之理盡矣。文王仲尼係其遺業。三聖相承。共同一致。稱易準天。無復其餘也。夫天清地平。兩儀交泰。四時推移。日月輝其間。自然之數。雖經諸聖。孰知其始。吾子云曚昧未分，豈其然乎。聖人人也，安得混沌之初，能藏其身未分之內。祖縣按：榮語病在八卦隱其神、聖人藏其身二句。在混沌時，安有八卦，安有聖人。老氏先天之言。此蓋虛誕之說，非易者之意也。亦謂吾子神通體解，所不應疑。意者直謂太極極盡之稱，言其理極無復外形。外形既極，而生兩儀。王氏指向，可謂近之。古人舉至極以為驗。祖縣按：至極之說，今不可考。爾雅釋詁：極，至也。陸績三極之道也注：極，至也。淮南子繆稱訓：猶未足以至于極也。未知是否。謂二儀生於此，非復謂有父母。若必有父母，非天地其孰在。榮遂止。

讀瞻傳，知晉人對太極已無定論。晉人尚玄，瞻說雖以王弼為指向，而說則曚昧未分。榮較瞻明易。吳書載榮從父邵，博覽書傳，好樂人倫。少與舅陸績齊名。讀其所言易，似合陸氏家法。惟對於太極仍無一定之確論。北史儒林李業興傳云：

梁武問易有太極，極是有無。業興對曰：所傳太極是有。

李業興於東魏天平四年使梁，故梁蕭衍問之。可見當時南北朝治易，各有所趣。故孔穎達正義序云：

唯魏世王輔嗣之注，獨冠古今。所以江左諸儒，並傳其學；河北學者，罕能及之。其江南義疏，十有餘家。皆辭尚虛玄，義多浮誕。原夫易理難窮，雖復玄之又玄。祖縣按：此兩句以玄之又玄立說，然易是有，不是無，此說謬。至於垂範作則，便是有而教有。此句更謬。若論住內住外之空，就能就所之說，斯乃義涉釋氏，非為教於孔門也。既背其本，又違於注。祖縣按：既背其本句，王弼以老子附易，背易之本則有之；至違於注，王弼虛玄浮誕，注中不可勝數，孔云又違於注，未必然。然董理之，王注亦有可采處。

孔說可采。孔作正義，多鄭玄而鄙王弼。學者可細細體會。隋蕭吉五行大義第三明數第五論云。

八卦既成，問曰，八卦從何而始。曰因五行生。又問五行因何生。因天地生。天地因何生。因太一生。太一因何生。曰因易生。故曰易有太極，是生兩儀……（下略）

此章易有太極，並非指周易，實指歸藏連山。其時尚未有五行。今蕭吉不分時代性立說。故其說不能立。

孔穎達正義云。（蕭孔皆隋時人。孔後入唐。）

太極謂天地未分之前，元氣混而為一，即是太初太一也。故老子云道生一，即是太極是也。又謂混元既分，即有天地。故曰太極生兩儀。即老子云一生二也。不言天地而言兩儀者，指其物體。下與四象相對，故曰兩儀，謂兩體容儀也……（下略）

正義雖疏韓康伯注，但揭出物體兩字，實破韓注之无字。不為無見。嗣後說易者，對太極愈說愈亂矣。

二、釋一與極之義

一字與極字，字義可相通。求諸字義，在說文一字，徐鍇本云。

惟初太極，道立於一，造分天地，化成萬物。

徐鍇繫傳云。

一者。天地之未分。太極生兩儀旁薄始結之義。是謂無狀之狀。無物之象。必橫者象天地人之氣。是皆橫屬四極。老子曰。道生一。今曰道立於一者。得一而後道形。無欲以觀其妙。故王弼曰。道始於無。無又不可以訓。是故造文者。起於一也。苟天地未分。則無以寄言。必分之也。則天地在一以後。故以一為冠首。本乎天者親上。故曰凡一之屬皆從一。

大徐本改太極為太始。太始見乾鑿度。太極之上。加以太易．太初．太始．太素四個名詞。下文分而析之。以太易未見氣。太初為氣之始。太始為形之始。太素質之始。矛盾殊甚。太易是有氣有形有質。此言未見氣。亦以太極為无極的緣故。自周敦頤創無極之說。後世引之以固其說。其實殊非徐鉉之說。不足為訓。管子四時篇云。

道生天地。

與太極生兩儀之說合。淮南子天文訓云。

道曰規始于一。一而不生。故分而陰陽。陰陽合和而萬物生。故曰一生二。二生三。三生萬物。

一而不生的疑有譌字。與下文引老子一生二之旨違。疑不字衍。又詮言訓云。

一也者萬事之本也。無敵之道也。

淮南子論一字是也。至極字說文云。

極。棟也。

徐鍇繫傳云。

按。極屋脊之棟也。今人謂高及甚為棟。義出於此。亦謂之危。春秋後語。魏人將殺范痤。范痤上屋騎危是也。（祖縣按。范痤事。見史記魏世家。又戰國策趙策四。亦載范痤事。惟不言上屋騎危。此云春秋後語。未詳。）

又。

棟。極也。

兩字互訓。為屋之正中至高之處。儀禮鄉射禮序則物當棟注。是制五架之屋也。正中曰棟。詩周頌思文。莫匪爾極傳。極。中也。漢書天文志。萬載宮極注。極屋梁也。莊子則陽篇孔子之楚舍於蟻丘之漿其鄰有夫妻臣妾登極者。注。極屋棟也。釋名釋宮室。棟中也。居室之中也。又廣雅釋詁四。極高也。以諸訓證之。莊子大宗師之高字。鄭玄太極釋中字。義為賅洽。可證太極二字。不是形而上謂之道也。不是一陰一陽之謂道。而是一謂之道。宋阮逸易筌卷六。說卦傳三極之道也注云。

立天之道。曰陰與陽。天之極也。立地之道。曰柔與剛。地之極也。立人之道。曰仁與義。人之極也。天非陰陽不立。地非柔剛不立。人非仁義不立。猶屋之有極。（原注屋棟名。）而立為屋。三極者參而三合。而太極之為言至也。太極者至之又至。非尋常可測。故曰太極。（阮逸易筌已佚。見胡安世大易則通卷二引。）

阮逸之書久佚。（昔余家藏有景宋鈔本。曾送商務印書館。屬其在續古逸叢書中付印。而不甚重視。久未出版。致燬於一二八日寇炸彈。）胡安世所引。與原文同。惟阮說。余不贊同。在原書後附有校勘記。謂曰陰陽。曰柔剛。曰仁義，是皆兩儀。不是太極。惟屋之有極一句。實係至言。極訓至。出爾雅釋詁。元人俞琰易集說係（即繫字）辭傳上云。易元體而有至極之實理。故曰易有太極。清陳冠洪（咸豐時人）周易象義集成繫辭上亦主至極之說。又增根極樞極之說。語則不經。元吳澄易纂言卷五云。

太者。大之至也。極者。屋棟之名。天地間之有此理。猶屋之有極也。

吳說允。惟說兩儀四象八卦。未見精蘊。何楷古周易訂詁大過棟橈云。

棟。說文謂之極。爾雅謂之桴。義皆訓中。猶屋之脊檁。

爾雅釋宮棟謂之桴。注屋檼。說文桴棟也。字林桴極也。檁字書未見。沈起元周易孔義集說引李克恭說云。

易。變也。然必有不變者。而變以生。說文。極中也。屋極謂之中。梁上脊檁。有太極之一。乃生兩儀。（卷十八）

李克恭易著未見。沈起元周易孔義集說舉三則。列熊良輔（元人字梅邊）陳琛（明人字紫峯）之後。後於陳琛可知。李說似引何楷說。疑清初人。李引說文譌。廣雅釋宮。極中也。檁何楷作檁。皆俗字。集韻四十七寑。檁屋上橫木。脊檁當為脊領。漢書高帝紀。譬猶居高屋建瓴水也。建瓴者。梁上覆以瓦。以防雨水。即俗呼雨落水。符合兩儀之象。沈起元按云。

太極句。自韓孔以老氏无字一字解之。邵子以為无為之本。宋儒以為極至之理。而太極生兩儀。則以為有理而後生氣。祖緜按。氣字韓注孔疏未提及。疑從紀瞻傳。以氣為名而來。王夫之以氣為之。亦从紀瞻傳說。無敢為異說者。然愚體玩數十年。覺太極二字。說來終近玄渺。且於懸空太極之下。着一生字。尤未慊於心。馬氏以不動之一為太極。崔氏蘇氏宗之。祖緜按。沈起元說。以馬融崔憬蘇軾三氏立說。不知三氏皆以大衍為太極。蓋其時太極圖之說未出也。祖緜按。此與杭辛齋太極圖不同之說相同。而生字之義。克恭李氏洗發切實。顛撲不破。此章專言蓍筮。不應於蓍數之外。無端又添一義。祖緜按。此章至一義十九字。沈氏說。全背易旨。況夫子言易有太極。明明主易而言。非謂天地萬物之先。有此太極也。兩儀亦主易卦之陰陽言。非泛指天地間之陰陽也。祖緜按。此說語病殊多。故周子圖說。可別作一書讀。不必以此章合。

沈起元以太極與周敦頤太極圖。截然分為二事。殊有卓見。繼沈之後者有包彬易玩卷首有易有太極說。未將極字說明。至卷七繫辭注云。

上言戶者。屋之戶也。祖緜按。上文是故闔戶謂之坤。闢戶謂之乾。此言太極者。即屋極在中。以為喻也。太極生兩儀。如屋極有向背兩面也。兩儀生四象。如屋極四面也。四象生八卦。如極之四面有四正四隅也。

包彬之說。明白如畫。余繪出三圖以明之。

下圖三。第一圖即兩儀。第二圖即四象。第三圖即八卦。

第一圖

兩儀

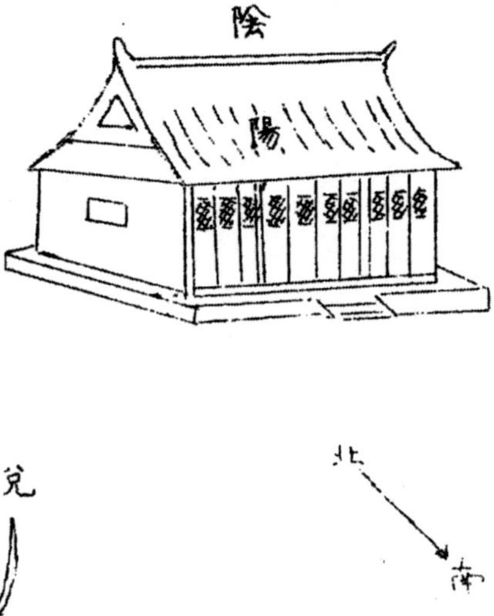

第三圖

八卦

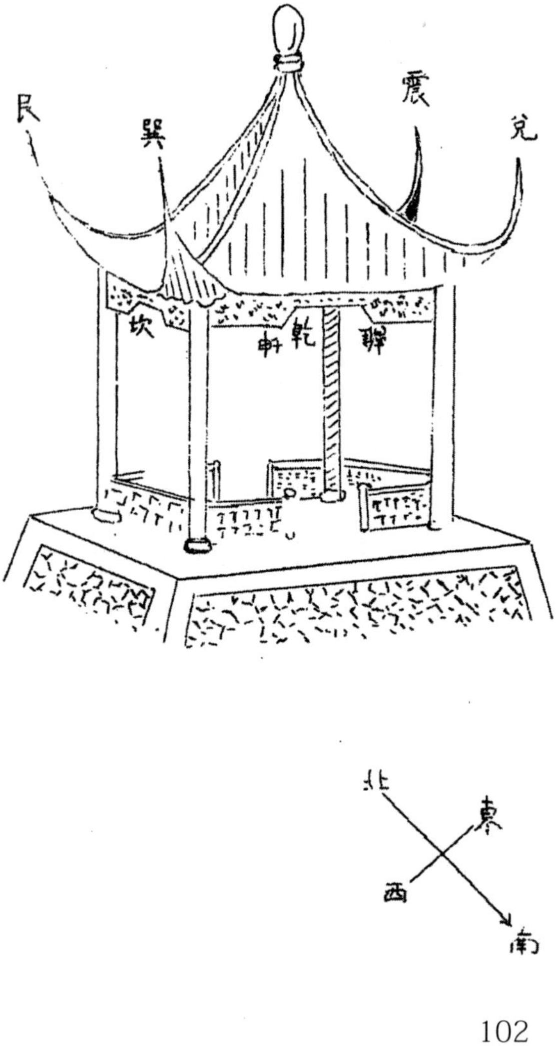

第二圖

四象

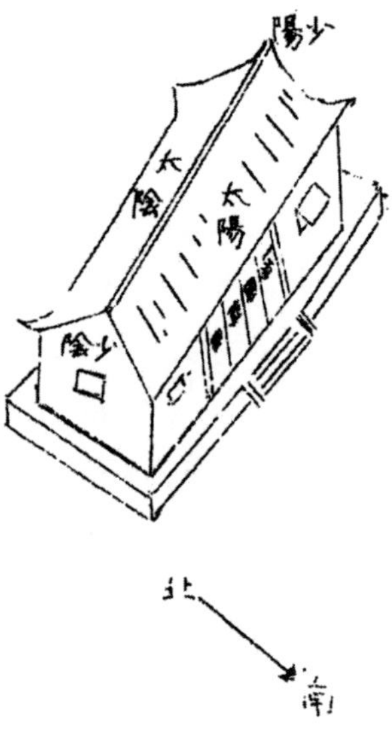

視上列三圖。太極二儀四象八卦之位。可與沈善登光天氣地之說參證之。因吾人所居地球屬太陽系。向日則為光。背日則為氣。光與氣。皆日之作用。日將出地上。現一種蒙氣。日初昇。日光先照東方。東方為少陽。在卦為離。(洛書之位屬震。)既而日光移於南方。南方為太陽。在卦為乾。(洛書之位屬離。)以建瓴為界時。建瓴之北。一無日光。既而日光又移於北方。北方為太陰。在卦為坤。(洛書之位屬坎。)最後日光移於西方。西方為少陰。在卦為坎。(洛書之位屬兌。)第一圖言兩儀。建瓴俗呼屋脊。即以太極代表之。第二圖言四象。即四正。東南西北是。亦呼四方。第三圖言四正四維。其所受日光。以四時日行纏度之變遷。日光方向之轉移。而有先後次序之照臨。因而離東坎西乾南坤北。兌東南震東北巽西南艮西北之方位分明。

在沈起元包彬之前。有沈壽昌易學圖解一卷。共二說。其第一說云。太極不可畫說。迂。第二說駁周敦頤通書也。少中肯語。有端木國瑚周易指云。

易以有立教。易无極。是西北亥。而易有極。是東北丑。乃天地北坎子天一。正在東北艮丑地二。是天一極立在地二上。天地四時八節。出中央亟心為一。當中下丨而上。為中央堅多心木。(祖縣按。亟心與堅多心木見說卦傳離。)是堅多節木。木亟心極也。天一極立地二下。一是二。是太加倍之稱太極也。(卷三十六。)

亟心之亟。荀爽作極。並注云。極。中也。太極係一畫。是畫卦之始。原無八卦十二支。端木此說。於理不合。且提出无極二字。以迎合周敦頤之說。更非理之正。又端木國瑚周易圖一卷。有十圖。第二圖云。

極、棟也。｜畫自下而上。是易乾鑿下至原注、極至也。北極。上極至南極。而始天地一數下畫而上。當中央是棟極象。此為易有太極。

又第三圖。以一為立說。又太極第二圖。以｜立說。第四圖以一立說。是不知陶復陶穴詩、大雅、緜篇。復正字寝。之理。端木又注上棟云。

上棟隆。下宇平。

曰隆者。其形高起可知。則棟形、是一。不是｜可證。釋名、釋宮室棟、中也。居室之中也。說文以棟釋極。是一形。可無疑義。古時以一橫者為棟梁。｜豎者為柱。是端木氏之失辨。沈善登需時眇言原易篇云。

太、大也。屋棟曰極。以為推之至高無上。太中至正。無以復加。謂之太極。無名之名。無始之始也。豈真有一物可圖畫哉。

沈說至高之高字。襲莊子大宗師語。中字襲鄭玄說。大中襲張浚。紫巖易傳卷七朱震。漢上易傳叢說王宗傳。童溪易傳卷二十八焦循易章句卷七等各家之說。至無名之名無始之始八字。雖有所本。但語涉虛無。而豈有一物可圖畫哉一句。惑於沈壽昌之說。易學圖解卷一不知太極可畫不畫太極。即不能明易之理。沈善登同篇又云。

大易渾侖。體一而名二。蓋由太易光盛而變氣。故畫卦首乾而繼坤。由渾侖而分天分地。故總稱乾坤。猶稱渾侖。析言之。則光陽象天。名乾。氣陰象地。名坤。坤乃渾侖中光變之氣形質。乾即太易也。故曰天。易為乾。此易象之大原也。

沈善登以陽儀為光。陰儀為氣。光天氣地之說。乃易學上一大發明。此前人所未道者。惜未明言此即太極生兩儀之理。杭辛齋易楔云。

說文。極棟也。易大過棟隆木末弱也。棟亦訓極。建中立極。故極亦訓中。棟从東从木。木生於東。得木之正。故以室中主幹之巨木謂之棟。蓋上棟下宇。初創宮室之時。構造皆甚簡單。以巨木支柱正中。而四周下垂。與今日營帳之制畧同。故棟必在室之正中。與極字訓義可以相通。若以今日之所謂棟者例之。則與極字之義。不相蒙矣。此言太極者不可不知者也。卷一太極注。

杭說引伸端木第一圖之義。解極字非是。

綜以上諸說曰極曰一曰高曰中曰棟。義可貫通。而太極是一可以確定。

三、太極生兩儀兩儀生四象四象生八卦解

太極、一也。兩儀、二也。四象四也。八卦、八也。八卦倍之是兩個八卦。十六也。兩個八卦倍之。為四個八卦。三十二也。三十二卦又倍之。為六十四卦。此邵雍所謂加一倍數。即是歸藏之卦位。若用於周易。64 32 16 8 4 2 1。位數則同。然沒有消息之理。可據位的數目去推求。此周易之組織。異於歸藏。

周易不尚消息。惟彖偶及之。如泰䷊彖。否䷋彖。臨䷒彖。皆作消長。剝䷖彖。豐䷶彖。則揭消息二字。因豐則四之二。即為泰卦。此五卦者前四卦皆不變。因豐為坎五世卦。則不在乾坤十二卦之內。故用變卦。泰為坤三世之卦。消息正在其中。此為變例。方中通（以智仲子）度數衍云。

勾股出河圖。加減乘除出洛書。

方中通疏於算術。因明末清初時度數之術甚疏。當云大衍出勾股。加減出河圖。乘除出洛書。大衍之數五十。去一不用。為四十九。其數七七自乘。周髀算經已言之。此言太極二儀四象八卦。由陰陽消息而來。即加減是河圖。不是洛書。至漢書律歷志權衡下及魏相傳所述太陽太陰少陽少陰。用乘除是出於洛書。分得清楚。則閉結可解。

沈善登綱領篇又云。

史稱黃帝迎日推策。（祖縣按史記五帝本紀。）蓋即按四正四陽方位。立表測日景。推其行度。以定朔望。據集解裴駰解。引晉灼臣瓚注。推求之當如是。按周官大司徒以土圭之法測土深。（祖縣按下文正日景以求地中。）賈疏融會先後鄭說至為分明。表長八尺。四方中央間各千里。以晝漏中半測之其景短至尺四寸五分。長至尺六寸而以尺五寸為正中建立國都。然則長短之較不過一寸五分。即勾股加減之數。故知古有是法。周公變通之以求地中也。

此係我國最古測日景之法。未能準確。然亦可得其畧數。景。說文。日光也。釋名。釋天。景。竟也。所（所上疑脫日字）照、處竟限也。日光已明。再釋地氣。余就多年目睹之狀。臚舉如下。

一、前三圖。言房屋受日光之情況。在日光將到時。其氣蓬勃。一到即隱。

二、行舟時。晨起見滿江蒙氣。日光一照臨。其氣即隱。在日光未臨處。仍然蒙氣滿江。

三、气。說文雲气也。雲氣大時能降雨。雲氣小時為日光所掩。雲散即為清明之天。

四、气字。玉篇出眊。云古气字。古字作眊者。以气仍由日光而轉移。故沈氏以日為光原。（見原敘。）斯為確論。

五、气氣本一字。後人孳乳為氣字。說文。氣。饋客之芻米也。故字从米。飯熟則有气。

六、萬山中至晚。必雲霧滿山。覿面不見人。即是氣。晨則不見天日。此亦古文眊字之一證。

沈善登提出光气以釋易。在制器尚象。在科學實驗上。可發出無量光輝。當從之。折中啟蒙附論。江永河洛精蘊卷六。皆載貫憲之乘方法合畫卦加倍法書。以解釋自太極至六十四卦之次第。而江永更有說明。載之如下。

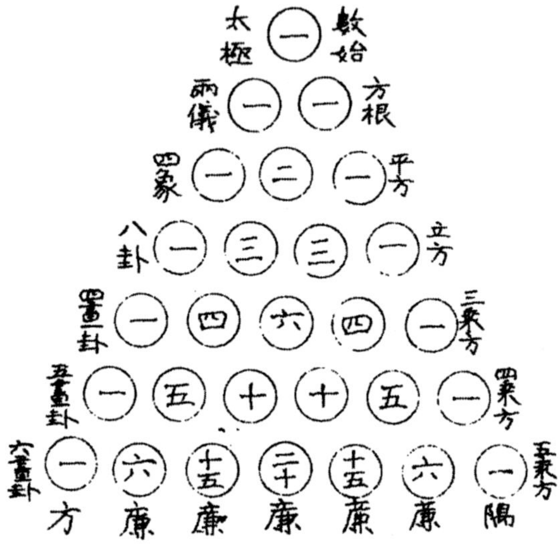

此圖以㊀㊀自乘為根。在繫辭易有太極一章。僅太極兩儀四象八卦。在圖至立方止。三乘方至五乘方。即六十四卦。是玆先解太極至八卦。老子曰道生一。即圖上所謂數始。老子立說論道字。則云吾不知其名。故彊字之曰道。彊為之名曰大。此生字。當从呂氏春秋大樂篇作出字為正。道生一。即道出於一。是太極。一生二。即上圖方根㊀㊀是兩儀。惟古人對算法尚疏。當加以正號負號。則更明白。二生三。此句治老子者。皆未能解釋。即㊀㊁㊀數雖是三。而㊁則為(少陰)(少陽)。其用則四。三生萬物。萬物負陰而抱陽。至㊀㊂㊂㊀數雖是四。而㊂㊂則為(兌)(離)(震)(巽)(坎)(艮)。其用則八。三乘方以下。可按一陽一陰之規律求之。惠棟易漢學卷八。辨兩儀四象。以宋儒說四象殊誤。其實四象之陰陽出漢書律歷志。非宋儒之說也。時氏拾遺云。

程頤曰。范文甫問四象。曰左右前後。楊中立問四象。曰四方。

程說亦可與宮室相連繫。太極之說畧舉如上。在近人談助動輒以陰陽五行四字并為一談。不知兩者。絕不能相混。陰陽在繫辭出此章。五行在繫辭是天一地二章。是兩件事。又更有以大衍為太極。更非大衍一章。並不提太極二字。文中象兩象三象四時象問四個說頭。皆是擬議之詞。自形而上與形而下之說出。治易者對形而上。把毫無正確的曲說。堆砌滿紙。而形而下之學。包括自然科學之成就。置而不論。如賈憲之開方表。對一陰一陽之理。是有組織的。其理為自然之發展。一切理論乃有緒可尋。繫辭以形而下為器。世之經生對於器字。以為小道。不肯發揮。總之器為萬物主要之物。皆有象可象。不如形而上學之可虛構捏造者。且器之成因。一物即具一物之太極。不能舍太極而言成因。辯證是關於普遍聯系的科學。主要的規律。在量在質。在兩極之對立。恩克斯揭出兩極兩字。兩極就是一正一負。與兩儀相同。余雖襲阮逸等之說。以太極為屋脊。尚不過一種擬議而已。總之太極之說。鄭玄以中字釋之。實係日光之作用。凡日光照臨之處即為陽。日光失照之處即為陰。以日光之陰陽分析之。即有物之存在。詩鄘風定之方中。彼云。定之方中。作于楚宮。揆之以日。作于楚室。方中與極字義合。楚宮楚室。即物之存在可知。

六十四

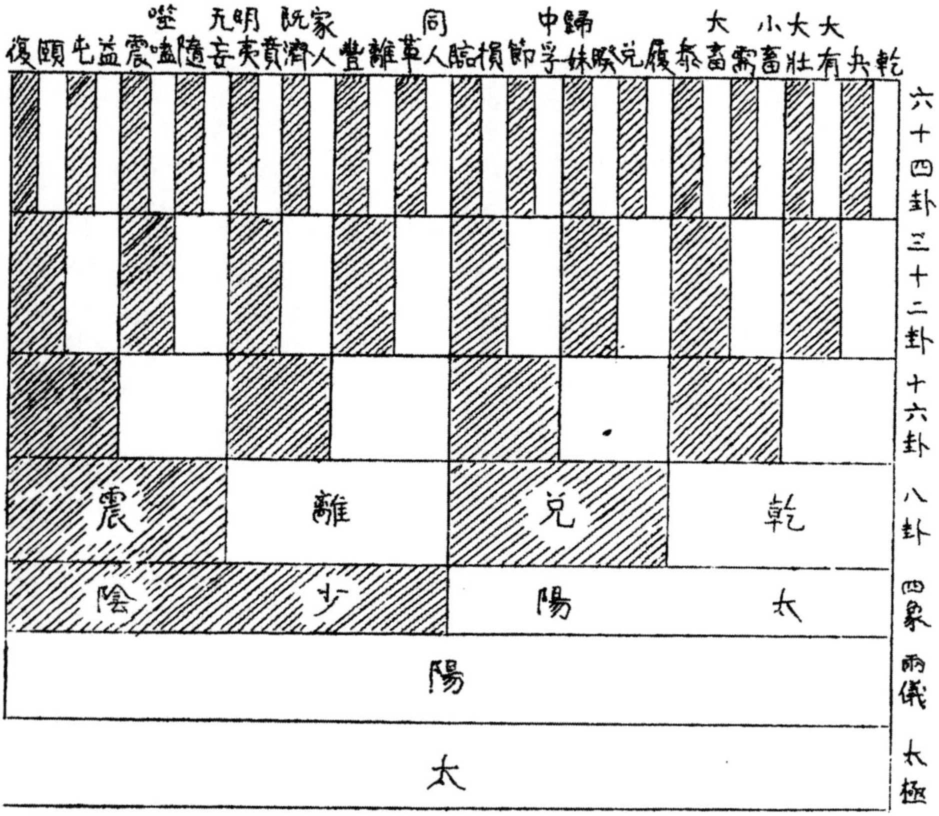

凡例

一、歸藏未亡。周易正義八論。虙羲作十言之教。曰乾坤震巽坎離艮兌消息。无文字。謂之易。郭璞亦足山海諸書所引歸藏。乃繇辭也。治易當先探索此圖。

二、此圖為消息。即一陰一陽之謂道。係一面大算盤。原始要終之數。

三、皆可通。為制器尚象之用。

四、此圖以兩儀分八卦。八卦分六十四卦。

乾順行。隔三十二位姤。姤隔十六位遯。遯隔八位否。否隔四位觀。觀隔二位剝。剝隔一位坤。坤逆行。隔三十二位復。復隔十六位臨。臨隔八位泰。泰隔四位大壯。大壯隔二位夬。夬隔一位乾。

五、兌離震巽坎艮六卦。推同乾坤。凡過陽爻順行。陰爻逆行。不可誤排。

六、凡歸魂之卦。乾宮乾隔三位大有。兌宮兌隔三位歸妹。離宮離隔三位同人。震宮震隔三位隨。巽宮巽隔三位蠱。坎宮坎隔三位師。艮宮艮隔三位漸。坤宮坤隔三位比。皆隔三位。或順或逆。

卦橫圖

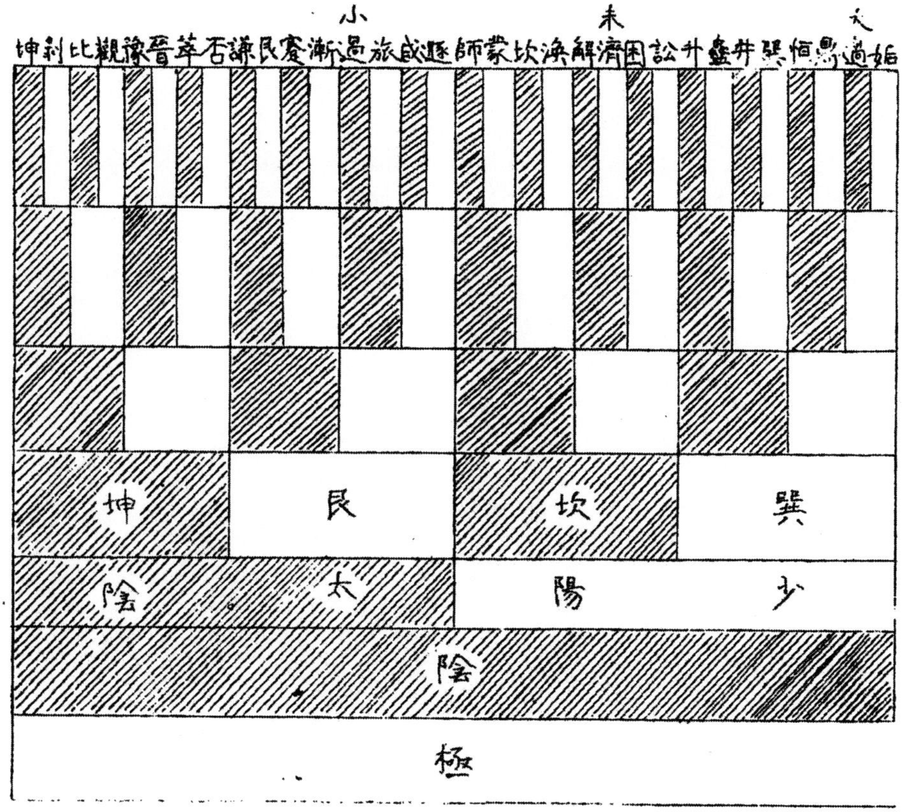

視陰陽之卦畫即本宮五爻之變。

七、游魂之卦。推法如歸魂。以乾三世卦否。否陽三位晉兌三世卦咸。咸陽三位小過離三世卦未濟。未濟陽三位訟震三世卦恒。恒陽三位大過巽三世卦益。益陽三位頤坎三世卦既濟。既濟陽三位明夷兌三世卦損。損陽三位中孚坤三世卦泰。泰陽三位需即三世卦五爻之變。

八、初上兩爻變二五兩爻變。三四兩爻變。其次序亦六十四卦。凡變例至多。視圖一一推演可也。不贅。

三易新論 上卷

沈祖緜 瓞民學

第七章 歸藏蠡測

一、歸藏述要

歸藏為三易之一。其名始見於周禮太卜。繼見於桓譚王充鄭玄虞翻諸家之說。漢時治易。三家說易咸致力於周易。不兼及歸藏連山。因歸藏連山未立學官。遂屏而不言。至東漢時。博學如王充。亦述而不詳。至伏羲十言之教。无文字之為易。始揭出消息二字。其說載左傳定四年黃父之會。夫子語我九言。正義以八卦為八言。消息為二言。是為十言。消息乃歸藏連山二易之定例。與文王所演之周易不同。王應麟以此為鄭玄之說。總之連山之易。由歸藏推之。可以得其緒。在周易間與歸藏相通。六十四卦橫圖即言消息之排列。與周易相同者十六卦。(說見下第三節。)宋以後治易者多以此圖列入。而未說明其功用。且消息之義亦未揭出。朱熹易本義前列九圖。陳振孫書錄解題云。本義者。列九圖可證。啟蒙亦載此圖。而王懋竑疑之。乃云。

易本義九圖。非朱子之作也。(祖緜按本義啟蒙皆載此圖。王以為非朱氏所作。唐鑑學案小識云。謂王氏精研朱熹著述。唐說亦失言。又雜以己意。而盡失本指者也。)朱熹於易有本義。有啟蒙。其見於文集語錄講論者甚詳。然此九圖未嘗有及之。(祖緜按此王氏失言。本義啟蒙皆有之。可謚。而朱熹之學。一宗二程。程頤易傳。在古逸叢書本首列橫圖。九圖之不合於本義啟蒙者多矣。門人豈不見此九圖者。何以絶不致疑也。祖縣按。宋人河洛之說。實本漢人。清代之治經者。吳派以河洛為非。王氏治朱學。謂朱熹不尚河洛。欲依放吳派。其用心良苦。此為致疑之因。朱子於本義。敘畫卦約畧大傳之文。故下而上。祖縣按。下即太極。上即兩儀。王氏巧為之說。用心殊苦。再倍祖縣按。再倍即四象。而三。祖縣按。三即八卦。王氏依放為之。漏洞殊多。然王氏欲依放漢學。仍為漢學家所不許。已成八卦。三畫已具。已成八卦則又三倍其畫。以成六畫。而於八卦之上。各加八卦。以成六十四卦。祖縣按。朱熹此節文字。實為橫圖立說。而王氏曲為解釋。殊屬詖節。而不敢參以邵子之說。至啟蒙一本邵子。而邵子所傳。止有先天圖。原注。即六十四卦方圖也。祖縣按。王氏說愈支離。方圖圓圖皆出於橫圖。其伏羲八卦圖。文王八卦圖則以經世演易圖推而得之。同州王氏漢上朱氏易皆載伏羲八卦圖。文王八卦圖。啟蒙因之。至朱子所自作橫圖六。則注大傳及邵子語於下。題云伏羲六十四卦圖。蓋其慎重如此。今乃直云伏羲八卦次序圖。伏羲六十四卦次序圖。祖縣按。即此章第一圖。伏羲八卦方位圖。伏羲六十四卦。是孰受之而孰傳之耶。見白田草堂集。

按王懋竑之說。殊屬矛盾。又朱熹答林粟書云。

繫辭所謂易有太極。是生兩儀。兩儀生四象。四象生八卦。此是聖人作易綱領次第。惟邵康節見得分明。今侍郎乃以六畫之卦為太極。中含二體為兩儀。又取二互體通為四象。又顛倒看二體及互體通為八卦。若論太極則一畫亦未有。祖縣按。此句語病。宋人著作中嘗謂伏羲一畫開天。何處便有六畫底卦來。如此恐倒說了。兼若如此。即是太極包兩儀。兩儀包四象。四象包八卦。與聖人所謂生者。意思不同矣。
朱林二人以此事反覆駁詰。限於篇幅。茲不贅。今林栗所著周易集解三十六卷。无通行本。四庫全書有之。朱熹又有答袁樞書云。

若要見得聖人作易根原。直截分明。不費辭說。於此看得。方見六十四卦。全是天理自然挨排出來。聖人只是見得分明。便只依本畫出。元不曾用一毫智力添助。蓋本不煩智力之助。亦不容智力得以助於其間也。

王懋竑治朱學。而未讀朱子大全。立論如此。豈南轅而北轍。本義列九圖。是朱子手定。可无疑。再以答林栗袁樞二書觀之。朱熹是推崇橫圖之至。因在王懋竑之時。惠士奇著易說。胡渭著易圖明辨。士林宗之。王恐宋人之說。為世所詬。別倡朱氏不與邵雍同流。闢圖書以迎合時習。自王說出。清乾嘉之後。易家為三。所謂漢學派。邵氏學派。性理派。是在王氏以前。黃宗炎著憂患學易一書。內周易象辭十九卷。尋門餘論三卷。圖書辨惑一卷。總名憂患學易。余家昔有鈔本。與四庫本異。人云從黃炳垕家中抄錄。自寇侵蘇州時。因書籍過重。不能攜帶。勝利歸家。凡鈔本書悉佚。惟尋門餘論刊入吳江沈氏昭代叢書癸集中。然非完本。幸錢林文獻徵存錄載之。可舉出。其說橫圖云。

八卦既立。因而重之。得三畫即成六畫。得八卦即成六十四卦。何曾有所謂四畫五畫十六卦三十二者。四畫五畫。成何法象。十六卦三十二卦。成何貞悔之體。祖緜按。此節云云。雖頗極深研幾。然究全鑄成大錯。因橫圖非周易。只有消息。

至貞悔一名詞。周易始有之。洪範亦載。何不以三乘三。以八加八。直捷且神速乎。祖縣按。揲之數學公式。似不能立成。焦氏之易。傳數不傳理。其分為四千九十六卦。實統諸六十四卦。是一卦具六十四之占。非別有四千九十六卦之畫也。祖縣按。四千九十六卦。即連山之易。黃氏云非別有四千九十六卦之畫也。實有語病。所謂連山之易。由六十四卦加六畫成之。兩間氣化。自有盈縮。祖縣按。即是消息。黃氏行文。是以文勝質。陰陽或互有多少。祖縣按。此二句脫一字。不成文義。夫物之不齊。物之情也。造化之參差。義理之所由以立也。如邵子是一定之易也。非不可典要之易也。故曰邵子乃求為焦京而未逮者也。祖縣按。易是一定。即變通亦是一定。皆有定例。焦京皆然。結論更失言。

黃說雖較王懋竑為勝。而橫圖之定例實未闡明。而四畫成十六卦。五畫成三十二卦。其說更含糊。邵雍以橫圖為加一倍。其說至確。至消息之理。邵氏亦語焉未詳。不得不另立皇極經世之說。以搪塞之。在邵雍之前者揚雄之太玄。關朗之洞極。皆犯此病。與邵雍同時者司馬光之潛虛亦同。清江永云。

三畫八卦。足以盡萬物之理。六畫六十四卦。所以備人事之用。使聖人作易。不必為人占筮之用。畫止於三。卦止於八可也。祖縣按。江氏所識者小。繫辭曰。易有君子之道四焉。重在制器尚象。而江氏僅以卜筮尚占立說。非深知易者也。惟其欲備人事之用。祖縣按。江氏以占筮為人事之用。昧於易道。故須重為六爻。所謂兼三才而兩之。故易六畫而成卦。分陰分陽。迭用柔剛。故易六位而成章。數語盡之。其漸次生出。與開方求廉法有符者。亦論其理耳。非真有四畫五畫之卦也。

江謂非真有四畫五畫之卦也。將三易成卦之因。完全推翻。措詞失當。又謂與開方求廉法有符者。亦論其理耳。不知漢人八卦九章。相為表裏。將易與算分為兩事。也失求是之本。蓋四畫成十六卦。如橫圖以四象至四畫讀之。得二個乾一兌二離三震四巽五坎六艮七坤八。是為十六卦五畫成三十二卦。如橫圖以八卦至五畫讀之。得四個乾一兌二離三震四巽五坎六艮七坤八。是謂三十二卦。一陽一陰為根。遞生出之。即朱熹所謂自然挨排出來者是。

據伏羲十言之教。八卦為八言。消息為二言。故歸藏之圖。尚可从消息以推得之。而後人以歸藏之繇辭為歸藏。而繇辭既偽且佚。則併歸藏而亡之矣。

總之。治歸藏。非明太極无以明兩儀。非明兩儀无以明四象。非明四象无以明八卦。推得八卦。遞生六十四卦。非位則不能推出。至消息。與卦變有異。朱熹本義卦變圖。失其系統。江永河洛精蘊卷五卦變說及卦變考。欲糾正朱氏之謬。无中肯語。

二. 歸藏卦位說

歸藏連山以位。位者即六十四卦之卦位。由一陽一陰遞生而來。其位之級數為 1 2 4 8 16 32 64 七項。一一推求即得。而連山為十二畫卦。又較歸藏加一倍數推之。遞數至十二畫。即為連山卦數。亦不以文字明之。此古人尚質。

六十四卦橫圖，治漢學者，以為陳摶所偽造。多年考索，未得確據。陳摶有易龍圖序，其文載宋文鑑。宋胡一桂易翼傳，元張理大易象數鉤深圖，明清之季黃宗羲象數論，王弘撰周易圖說，一名易圖象述。清胡煦周易函書，江永河洛精蘊，近人黃元炳河圖象說，皆載全文，今節錄之。陳摶云：

且夫龍馬始負圖，出於羲皇之代，在太古之前。今存已合之位，或疑之。況更陳其未合之數耶。

陳言已合之位，出於羲皇之代，在太古之前。是指橫圖。而世人疑之，可證當時學者輕視圖本。故陳氏慨乎言之。至已合之位，除橫圖外，別无最適當之圖。由此圖八折之則為方圖。（祖綿按：朱熹方圖，雖據邵雍之說，雍以干支，干支羲皇時所无。）由此圖環折之，則為圓圖。方圖言世，圓圖言錯。（祖綿按：繫辭云：錯綜其數，是指周易。周易言錯者，僅十六卦與歸藏異。）故此橫圖只能解消息之理。復由歸藏遞生六位，則為連山。即一卦變六十四卦，六十四卦變四千九十六卦。焦贛易林，已舉其概。惜其排法亦失其緒。疑後人以京房排法妄改易之。惟漢人以施孟梁丘三家易立為學官，後又立京氏。世以焦京並稱，京氏排法，是否即是焦氏排法，亦是一個疑問。總之焦京之易，焦氏猶存易林，至京氏，漢書京房傳說之甚詳。其寒溫之說，已流入左道，王充論衡寒溫篇已刺其謬。至寒溫之說，始見易緯稽覽圖。所謂寒溫者，篇中已明白揭出，其言曰：

冬至之後，三十日極寒。夏至日，（祖綿按：御覽二十三引无日字，三十四引有。）三十日極溫。

此與繫辭寒往則暑來。暑往則寒來。寒暑相推而歲成焉。合其實寒溫即言消息。

陳摶言況更陳其未合之數耶。是自言其創作。從前治漢易者。以陳摶為異端。治宋易者。對於陳氏雖不腹誹。亦不深究。以陳摶易龍圖已佚。序文似无研究之價值耳。序文又云。

然則何以知之。答曰。於仲尼三陳九卦之義。探其旨所以知之。

序文已明白指出所謂未合之數。是由三陳九卦而來。乃是九宮一算之術。不是朱熹所列之九圖。後人誤以周易六十四卦附麗之。真是風馬牛不相涉。可證陳氏所創作者。不在九圖之中。而在九圖之外。

張理注伏羲合而用之句云。

未合之位。為河之所出。已合之位。為伏羲所成。

張說未諦。九宮一算之術。出於洛書。非出於河圖。而河圖則在橫圖四象生八卦中。已明白畫出。即乾一兌二離三震四巽五坎六艮七坤八之次序。與洛書坎一坤二震三巽四中五乾六兌七艮八離九之生成。絕對不同。此張理之失言。王弘周易圖說注陳氏序文云。

上下相交而為八卦。則四正四隅九宮之位是也。

王弘揭出九宮。已說明陳摶之旨。至陳摶所謂今存已合之位。曰今存。明明言古人所畫之位。今時尚存。不是陳摶所手創。毫无疑義。或云陳氏僅言位。不言圖。答曰。首句已出圖字。且有圖始可安位。是圖與位。

二而一。亦一而二。殊无分別。綜上論述知陳氏所謂已合之圖是橫圖即是歸藏亦可深信不疑歸藏之千變萬化不過消息二字至文王作周易不尚消息惟在剝豐二卦彖辭及之在泰否二卦彖則作消長。九家易曰息者長也。與歸藏連山全以消息二字爲主旨者不同。茲畧說消息之理。凡陽爻變陰爻爲消陰爻變陽爻爲息。七發消息陰陽注消滅也。係的解息非熄滅之息。乃生息之息。馬融易傳革卦水火相息息滅也見釋文及黃氏日抄此息字與消息之息不同。消息在位讀時不可把位弄錯消息兩字實係算術邵雍所謂加一倍數是的論或以鄭玄不知算不應以消息爲算術答曰後漢書鄭玄傳云。

遂造太學受業師事京兆第五元先始通京氏易公羊春秋三統曆九章算術。

李賢注云。

九章算術周公作也凡有九篇方田一粟米二差分三步廣四均輸五方程六傍要七盈不足八鈎股九。

又玄傳馬融聞玄善算皆是鐵證。

易卦非算不能通在漢書律歷志云自伏羲畫八卦由數起。

又五行志云八卦九章相爲表裏。

又叙傳述律歷志第一云元元本本數始於一

以上三者。為卦與算不能相離之證。如第一圖太極一畫。即數始於一。惟一畫則无消息之可分。畫至兩儀。則有一陽一陰。在算則謂之一正一負。畫至四象至八卦。而河圖即从此出。由立方之位而三乘方。（即四畫卦）而四乘方。（即五畫卦）而五乘方。（即六畫卦亦即六十四卦）然後能用消息之理推算之。此數之成因。是有一定的規律。而消息二字。與哲學中所謂對立。其理正同。

乾坤二卦之排法。由世位遞進。在周易乾坤序。姤夬序。遯大壯序、泰否序。臨觀序。復剝序。本此消息。惠棟易漢學。據荀爽虞翻注。作十二消息。虞翻以十二消息為十二月。昔鍾歆（荀侃弟子、校 先子讀易易解並輯 先子遺說。作周易說餘一卷。）謂虞氏易。但知十二消息為十二月及納甲。鍾說允即吳書虞翻傳所謂夢見道士挑三爻之說。

後人治易者。謂此圖。乾坤為一大天地。姤復為小天地。襲邵雍語。以為要訣。詢其理之所在。則支離以對。愈說而真理愈昧。詰其究竟。則顧而言他。在漢學家不屑言大天地小天地為何物。而治宋學者。又不知宋人所謂大天地者。即指橫圖乾至坤之六十四卦。乾為天坤為地而已。小天地者。即指圖中之兩儀。在陽儀為乾至姤。在陰儀為坤至復。如圖。乾三十二位至姤。即指由陽儀至陰儀。自姤而至遯否觀剝坤。是陽消。皆在陰儀之內。有條不紊。坤三十二至復。即指由陰儀至陽儀。自復而至臨泰大壯夬乾。是陰息。皆在陽儀之內。亦有條不紊。此言乾屬陽儀而消在陰儀。坤屬陰儀而息在陽儀。圖中姤復為兩儀分界。故以姤復亦失地目之言。姤復可代乾坤而起消息。

三、論周易爻變與歸藏消息之別

周易尚爻變。不尚消息。在周易陽爻變陰爻曰九。陰爻變陽爻曰六。其位亦為1 2 4 8 16 32。與橫圖消息不同之點。其例有三。

一由橫圖數周易爻變祇有位。不尚陽消陰息。

二、一卦之變爻爻為周易序卦。

三、上下兩卦變爻世位之總和為序。

茲排列周易乾坤兩卦。與橫圖相比較。以明爻變與消息之別。並周易與橫圖相通之理。

乾卦消息

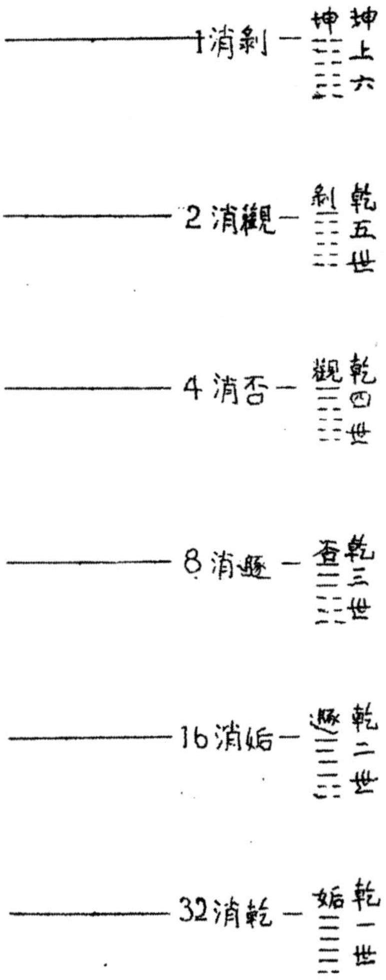

乾卦爻變　　　　坤卦消息

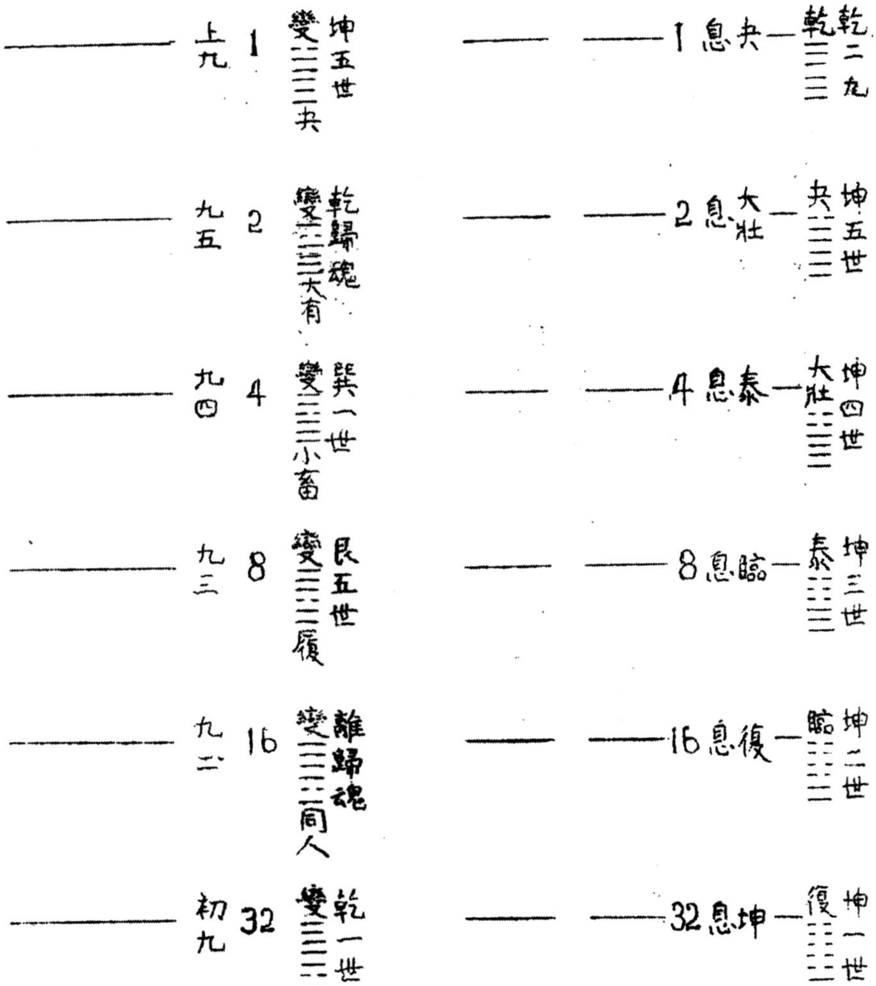
上九 1 變 坤五世 夬
九五 2 變 乾歸魂 大有
九四 4 變 巽一世 小畜
九三 8 變 艮五世 履
九二 16 變 離歸魂 同人
初九 32 變 乾一世 姤
1 息夬 乾 乾 二九
2 息大壯 夬 坤五世
4 息泰 大壯 坤四世
8 息臨 泰 坤三世
16 息復 臨 坤二世
32 息坤 復 坤一世

坤卦爻變

爻	數	變卦
上六	1	變剝 乾五世
六五	2	變比 坤歸魂
六四	4	變豫 震一世
六三	8	變謙 兌五世
六二	16	變師 坎歸魂
初六	32	變 坤一世

例如乾卦之變。如第二例。爲周易之卦序。姤夬序同人大有序履小畜序卄 亦可用橫圖數出。惟不尚消息。其位同而卦則不同。

又如坤卦之變。如第二例。爲周易之卦序。復剝序師比序謙豫序。其位亦可用橫圖數出。惟不尚消息。其位同而卦則不同。若合乾坤上下兩卦合讀之。則與橫圖同。如姤復（乾坤初爻）歸藏序而周易不序。同人師（乾坤二爻）歸藏序而周易不序。履謙（乾坤三爻）歸藏序而周易不序。夬剝（乾坤上爻）歸藏序而周易不序。在周易上下兩卦之序。世位出爲六。故繫辭云。

兼三才而兩之故六。六者非它也。三才之道也。

是周易上下序卦之世位。與歸藏異。歸藏一世與一世序。二世與二世序。三世與三世序。四世與四世序。
五世與五世序。上世與上世序。故其序有錯而无綜。繫辭曰。

錯綜其數。

是有錯有綜。乃指周易。橫圖衹有錯而无綜。在橫圖中惟十六卦與周易同。

一曰乾坤。曰坎離。世居上。由上卦之世數至下卦之世。是六。

二曰否泰。曰既濟未濟。世居三。由上卦之世數至下卦之世。亦是六。

三曰隨蠱。曰漸歸妹。為歸魂三世之卦。由上卦之世數至下卦之世。亦是六。

四曰頤大過。曰中孚小過。為游魂四世之卦。由上卦之世數至下卦之世。亦是六。

惟此十六卦。歸藏與周易相同。把橫圖細細玩之。一一推之。皆有數可據。漢人之說易。如荀爽虞翻之說。荀據升降。升即是息。降即是消。虞以某之某。憑藉消息立說。荀虞以消息釋周易。而不從繫辭六者之六字解之。亦失其本。此王充所以對漢人治易者。譏之。何家易所由來。茲再排否泰兩卦於后。

將橫圖否泰二卦。按消息推之。其理自明。此二卦。否卦中无妄大畜序。小畜履序。泰卦中升萃序。謙豫序。皆為周易卦序。

泰卦消息　　　　否卦消息

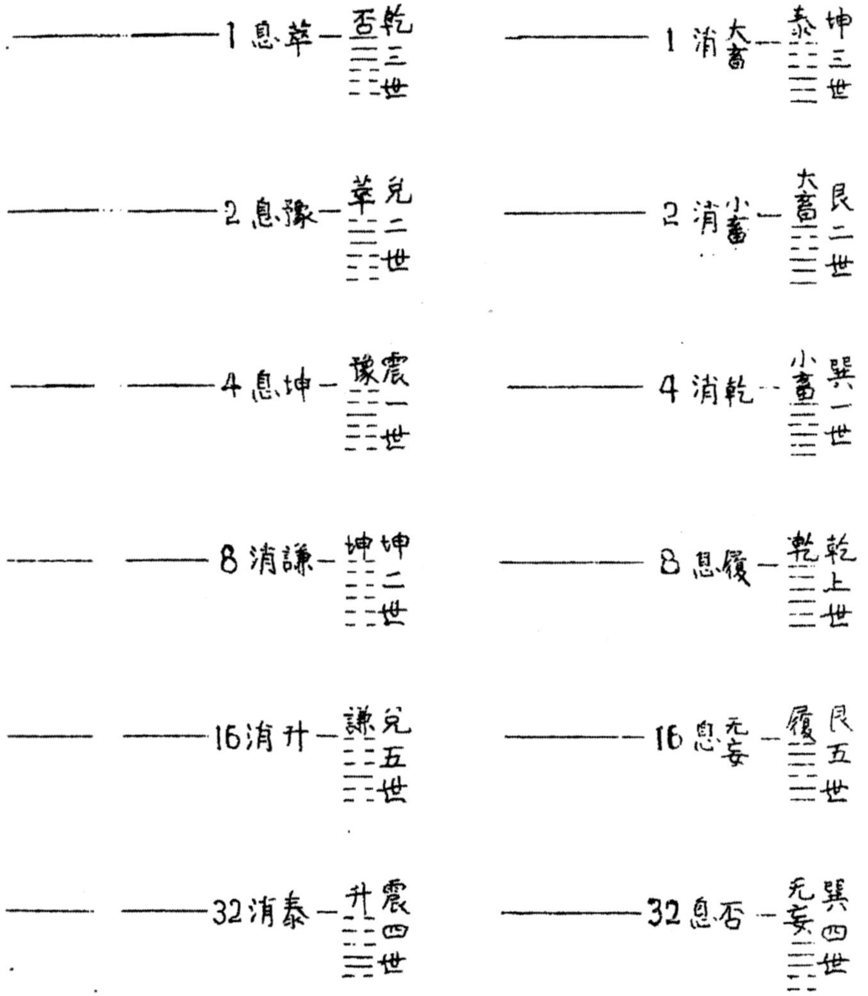
1 息萃 — 否 乾三世
2 息豫 — 萃 兌二世
4 息坤 — 豫 震一世
8 消謙 — 坤 坤二世
16 消升 — 謙 兌五世
32 消泰 — 升 震四世
1 消大畜 — 泰 坤三世
2 消小畜 — 大畜 艮二世
4 消乾 — 小畜 巽一世
8 息履 — 乾 乾上世
16 息无妄 — 履 艮五世
32 息否 — 无妄 巽四世

否卦爻變

爻	數	變
上九	1	變 兌二世 萃
九五	2	變 乾游魂 晉
九四	4	變 乾四世 觀
六三	8	變 乾二世 遯
六二	16	變 離游魂 訟
初六	32	變 巽四世 无妄

泰卦爻變

爻	數	變
上六	1	變 艮二世 大畜
六五	2	變 坤游魂 需
六四	4	變 坤四世 大壯
九三	8	變 坤二世 臨
九二	16	變 坎游魂 明夷
初九	32	變 震四世 升

周易否泰爻變。與乾坤不同。僅就否卦觀之。无妄四世萃二世為六。訟晉游魂亦為六。遯二世觀四世

亦為六。雖六者則同。但不合周易序卦。當舉第三例。否泰二卦爻變讀之。以周易爻變證之。有人說兩卦不能結合。此說所識者小。若一一挨排演出公式。方能知其所以然之理。那有此本規律的學者。若單觀否卦。或單觀泰卦。覺得彼此隔離。彼此孤立。彼此不相依賴。若合兩卦上下卦連繫讀之。方知對象是互相密切聯系。如否泰兩卦。

泰初爻升䷭與否上九萃䷬相聯系在周易相序。

泰二爻明夷䷣與否五爻晉䷢相聯系在周易相序。

泰三爻臨䷒與否四爻觀䷓相聯系在周易相序。

泰四爻大壯䷡與否三爻遯䷠相聯系在周易相序。

泰五爻需䷄與否二爻訟䷅相聯系在周易相序。

泰上六大畜䷙與否初爻无妄䷘相聯系在周易相序。

如圖。其規律皆有一定公式。茲再排列坎離及既濟未濟四卦於后。

坎離兩卦。與乾坤兩卦排列世位相同。其消息之位。則以爻位說見坤卦之變中。故不贅。在周易上下兩卦之世當合六。故節渙序。屯蒙序。既濟未濟序。鼎革序。豐旅序與歸藏之序異。

離卦消息　　坎卦消息

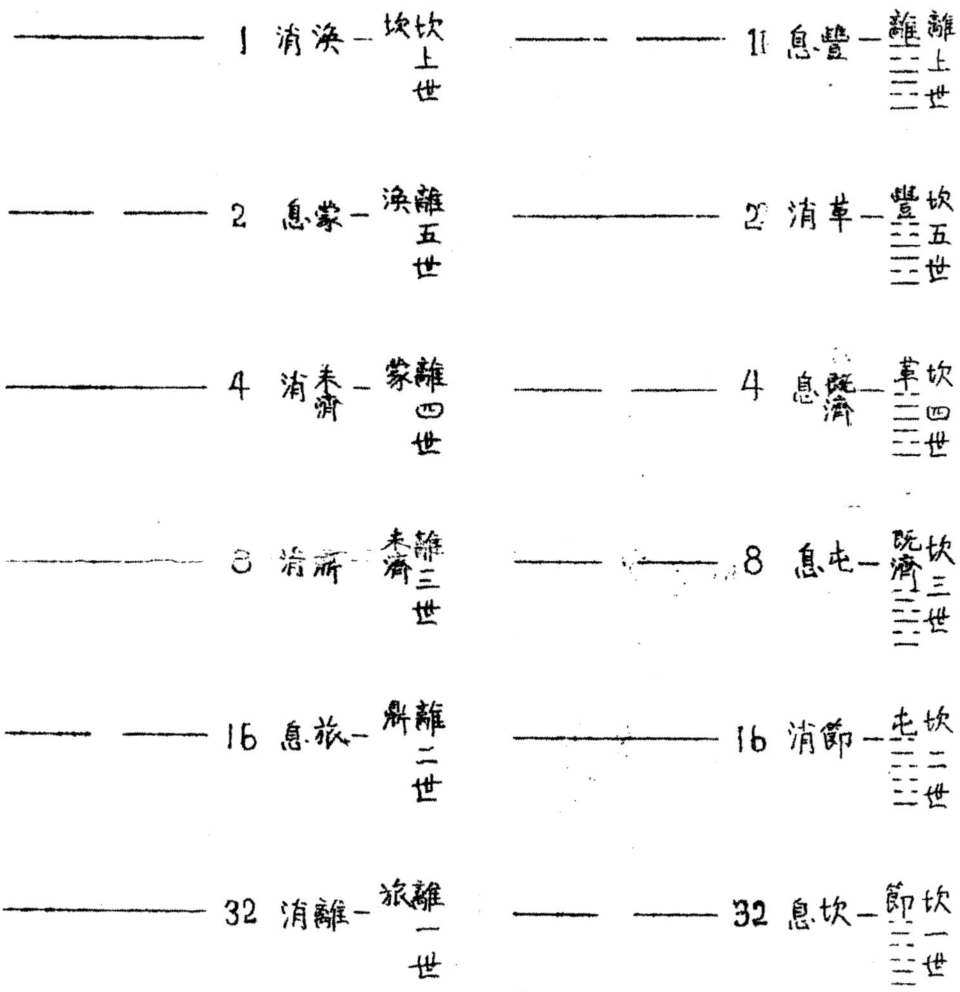
1 消渙—坎
坎離上世
2 息蒙—渙
離五世
4 消未濟—蒙
離四世
8 消鼎—未濟
離三世
16 息旅—鼎
離二世
32 消離—旅
離一世
1 息豐—離
離上世
2 消革—豐
坎五世
4 息既濟—革
坎四世
8 息屯—既濟
坎三世
16 消節—屯
坎二世
32 息坎—節
坎一世

坎卦爻變

爻	位	數	變
⚋	上六	1	離五世 變渙
⚊	九五	2	坎歸魂 變師
⚋	六四	4	兌一世 變困
⚋	六三	8	震五世 變井
⚊	九二	16	坤歸魂 變比
⚋	初六	32	坎一世 變節

離卦爻變

爻	位	數	變
⚊	上九	1	坎五世 變豐
⚋	六五	2	離歸魂 變同人
⚊	九四	4	艮一世 變賁
⚊	九三	8	巽五世 變噬嗑
⚋	六二	16	乾歸魂 變大有
⚊	初九	32	離一世 變旅

以坎離兩卦之變例之。坎卦之變。節渙序。比師序。井困序。離卦之變。旅豐序。大有同人序。噬嗑賁序。此皆周易之序。而其彌綸之道。莫不由於變通。而變通自有一定之規律。絲毫不能失緒。

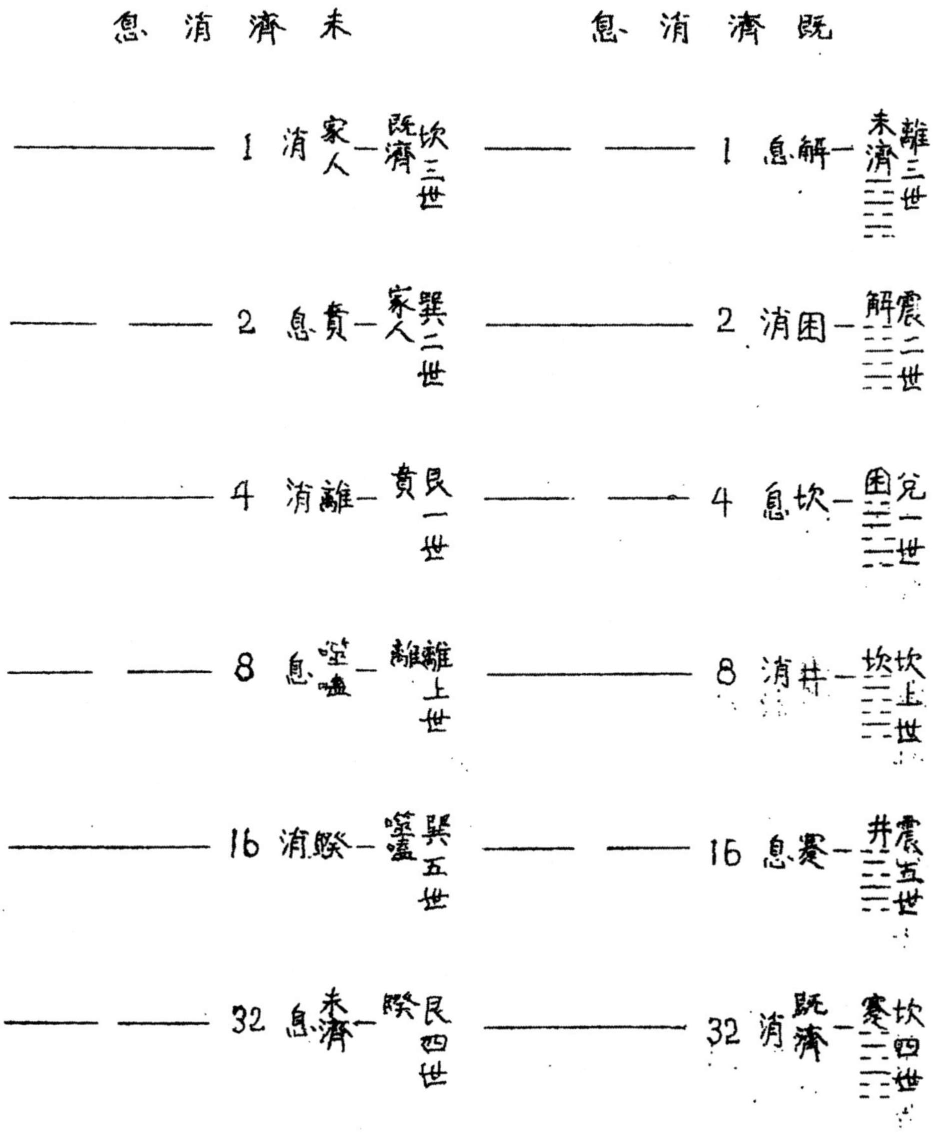

既濟未濟之消息。合周易序卦者。在既濟蹇解序。井困序。在未濟睽家人序。噬嗑賁序。而兩卦彌綸之處。在三爻坎離序。在上爻未濟既濟序。

既濟爻變

爻	爻位	數	變
— —	上六	1	巽二世 變 家人
———	九五	2	坎游魂 變 明夷
— —	六四	4	坎四世 變 革
———	九三	8	坎二世 變 屯
— —	六二	16	坤游魂 變 需
———	初九	32	兌四世 變 蹇

未濟爻變

爻	爻位	數	變
———	上九	1	震二世 變 解
— —	六二	2	離游魂 變 訟
———	九四	4	離四世 變 蒙
— —	六三	8	離二世 變 鼎
———	九二	16	乾游魂 變 晉
— —	初六	32	艮四世 變 睽

既濟未濟兩卦之爻變為蹇解序。需訟序。屯蒙序。革鼎序。明夷序家人睽序。舉此八卦。以分别消息爻變之不同。六十四卦中。任何一卦。皆可由消息推測之。

四、論歸魂游魂

六十四卦中惟推測歸魂八個卦。游魂八個卦。言人人殊。而游魂之中孚小過頤大過四卦。又為周易上下連繫兩卦之樞機。中孚小過二卦。又以漸隨之。順讀。蠱歸妹之。逆讀。連繫樞機之樞機。制器尚象。有待中孚小過二卦為主要之卦。至賾至動之理。包括其中。故不在橫圖上求歸魂。歸魂二字。後人據京房立說。其實即繫辭之精氣游魂。推測其理則涉於虛空。鄭玄注精氣為物游魂為變云。

精氣。謂七八也。游魂。謂九六也。七八木火之數。祖綿按韋昭國語晉語四解七八作不變。九六金水之數。祖綿按周易九六。即變也。木火用事而物生。故曰精氣為物。金水用事而物變。故曰游魂為變。精氣謂之神。游魂謂之鬼。木火生物。金水終物。二物變化。其情與天地相似。故无所差違之也。集解。樂記正義。七八指不變言歸藏是也。九六指變言周易是也。

鄭說違。鄭玄又以七為火數。八為木數。九為金數。六為水數。是古人誤讀洪範。一曰水。一六共宗。故六為水數。二曰火。二七同道。故七為火數。三曰木。三八為朋。故八為木數。四曰金。四九為友。故九為金數。不知洪範一二三四是言五行之次第不是言五行之數。若以數推之。一水四火三木二金。則不謬。鄭注謬。精氣七八當從國語韋昭說以解不變游魂九六。雖依據周易陽變陰為九。陰變陽為六。但僅能說變字。而不及游魂。故後人詆鄭注為不知算。其實鄭此注。雖覺泥忽。但師說如此。鄭玄因循襲之。此節文字當認為鄭玄習京房易時之說。虞翻注云。

魂。陽物謂乾神也。變為坤鬼。乾純粹精。故主為物。乾流坤體。變成萬物。故游魂為變也。（集解）

虞說更膚總之在橫圖求歸魂游魂。皆有規律。即是卦位是歸魂游魂。重在位。歸魂之位。皆在本宮卦五爻之第二位。如乾與兌五爻之位皆陽用消。離與震五爻之位。皆陰用息。巽與坎五爻之位。皆陽用消。艮與坤五爻之位。皆陰用息。要須認清本宮。否則乾宮二爻之十六位。亦是歸魂。乃是離宮之歸魂。不是乾宮之歸魂。此當明辨。不可錯誤。當在橫圖中一一數之。例如乾卦⚊ ⚊2 ⚊ ⚊ ⚊16 ⚊。五爻消為火天大有☲☰。為乾宮之歸魂。二爻消為天火同人☰☲。為離宮之歸魂。例如兌卦⚋ ⚊2 ⚊ ⚋ ⚊16 ⚊。五爻消為雷澤歸妹☳☱。為兌宮之歸魂。二爻消為澤雷隨☱☳。為震宮之歸魂。例如離卦⚊ ⚋2 ⚊ ⚊ ⚋16 ⚊。五爻息為天火同人☰☲。為離宮之歸魂。二爻息為火天大有☲☰。為乾宮之歸魂。例如震卦⚋ ⚋2 ⚊ ⚋ ⚋16 ⚊。五爻息為澤雷隨☱☳。為震宮之歸魂。二爻息為雷澤歸妹☳☱。為兌宮之歸魂。例如巽卦⚊ ⚊2 ⚋ ⚊ ⚊16 ⚋。五爻消為山風蠱☶☴。為巽宮之歸魂。二爻消為風山漸☴☶。為艮宮之歸魂。例如坎卦⚋ ⚊2 ⚋ ⚋ ⚊16 ⚋。五爻消為地水師☷☵。為坎宮之歸魂。二爻消為水地比☵☷。為坤宮之歸魂。例如艮卦⚊ ⚋2 ⚋ ⚊ ⚋16 ⚋。五爻息為風山漸☴☶。為艮宮之歸魂。二爻息為山風蠱☶☴。為巽宮之歸魂。例如坤卦⚋ ⚋2 ⚋ ⚋ ⚋16 ⚋。五爻息為水地比☵☷。為坤宮之歸魂。二爻息為地水師☷☵。為坎宮之歸魂。

凡八純卦。（八純卦即乾兌離震巽坎艮坤、）五爻與二爻之變。同為歸魂。如下二圖。是很簡單的。甲圖是四正之位。陽卦與陰卦相遇。陰卦與陰卦相遇。即為游魂。其例如下。

甲圖

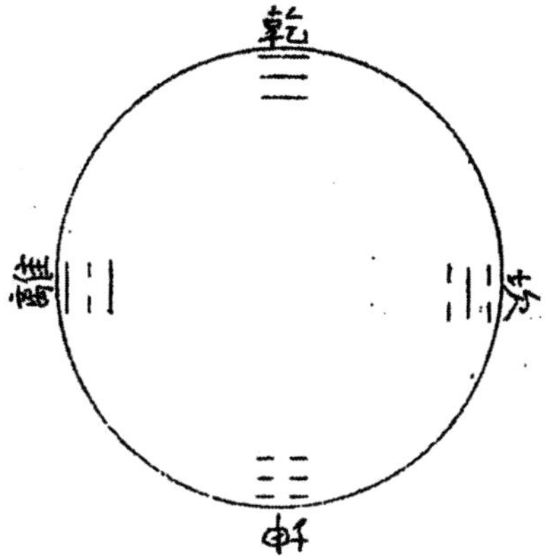

乙圖

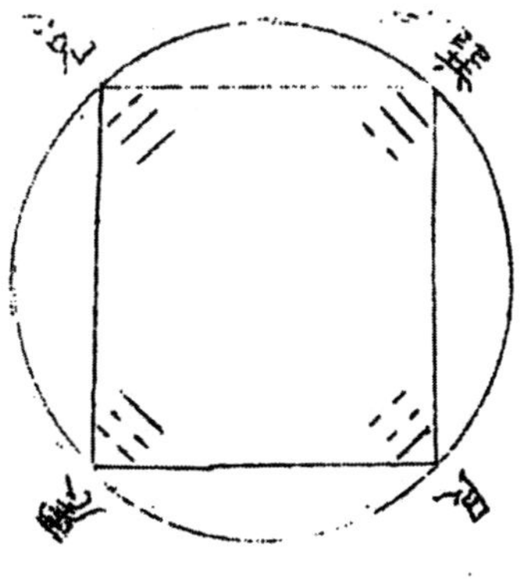

一.甲圖之卦。求歸魂之卦。不能與乙圖相混。

二.甲圖之乾離及坎坤。乙圖之兌震及巽艮。即是橫圖中兩儀至八卦之位。為乾一兌二離三震四巽五坎六艮七坤八之八個卦位分四正為圓甲圖是分四隅為圓容方即乙圖是。

三.歸魂游魂。皆是六畫卦。不是三畫卦。

四.周易上下兩卦之結合。不是八純卦。即是歸魂游魂兩卦。而游魂卦為多。圖說詳第十一章周易上。

五.甲圖之乾坎。及乙圖之兌巽。其五爻為陽爻用消。消乾為大有䷍。坎為師䷆。兌為歸妹䷵。

巽為蠱䷑。皆隔本卦之兩位。

甲圖之坤離。乙圖之艮震。其五爻為陰爻用息。息則坤為比䷇。離為同人䷌。艮為漸䷴。震為隨䷐。皆隔本卦之兩位。

六、用消用息。視五爻之陽陰。不以卦之陰陽。

七、求游魂。在甲圖。乾坎相遇為天水訟䷅。離游魂 坎乾相遇為水天需䷄。坤游魂 坤離相遇為地火明夷䷣。坎游魂 離坤相遇為火地晉䷢。乾游魂

在乙圖。兌巽相遇為澤風大過䷛。震游魂 巽兌相遇為風澤中孚䷼。艮游魂 震艮相遇為雷山小過䷽。兌游魂 艮震相遇為山雷頤䷚。巽游魂

以此法求游魂。其法至簡。惟不合橫圖消息之根。且失其位。此係俗說。不可從。

八、游魂由三世卦而來。亦五爻之變。五爻之位為二。以消息分別之。即得游魂。皆隔二位。

乾三世否䷋。五爻消為火地晉䷢。即乾之游魂。

兌三世咸䷞。五爻消為雷山小過䷽。即兌之游魂。

離三世未濟䷿。五爻息為天水訟䷅。即離之游魂。

震三世恒䷟。五爻息為澤風大過䷛。即震之游魂。

巽三世益䷩。五爻消為山雷頤䷚。即巽之游魂。

坎三世既濟䷾。五爻消為地火明夷䷣。即坎之游魂。

艮三世損䷨。五爻息為風澤中孚䷼。即艮之游魂。

坤三世泰䷊。五爻息為水天需䷄。即坤之游魂。

以上八例。細細玩之。昔人以為歸魂游魂。為治易一大問題。其實殊非。昔　先子作周易易解繫辭上第四章云。

然八純卦六爻之變。每卦必有歸魂二。每卦必有歸魂二。是據二五兩爻立說。例如乾卦䷀。二爻之變為天火同人䷌。同人非乾宮之歸魂。乃離宮之歸魂。而乾宮之歸魂。在消息之位。當在五爻之消為火天大有䷍。若二爻之消。為天火同人䷌。以橫圖之位數之。大有在乾消之二位。（除乾卦算）而同人雖在乾消之十六位。（亦除乾本卦算）又在離息之二位。（除離本卦算）往者能文之士。取易之文字。以為文章之資料。對消息二字。動多誤解。即荀爽虞翻。好言消息。說亦膚淺。

至橫圖解消息二字。實非筆墨所能盡。今不過言其數爾。易為中國科學之萌芽。與周髀算經。息息相通。故說卦傳提出二個要點云。

一、參天兩地而倚數。

二、數往者順。知來者逆。是故易逆數也。

天指奇數。地指耦數。參指圓圖。地指方圖。順逆即指消息。在橫圖僅出一陽一陰。尚未說到數字。不過數從陽陰而生。而伏羲十言之教。說出消息二言。已從順逆而倚數。則可深信消息二言。千變萬化。上已略其概。上章橫圖凡例。似尚簡略。茲再補充如下。

一層是太極。不變。

二層兩儀變。陽儀變陰儀。則乾至復三十二卦。即為姤至坤三十二卦。陰儀變陽儀。亦如之。

三層四象變。太陽變少陰。乾至臨十六卦。即為同人至復十六卦。少陽變太陰。姤至師十六卦。即為遯至坤十六卦。

四層八卦變。乾至泰八卦。從陽儀與太陽之象觀之。皆為陽爻。易以陰爻。即為履至臨八卦。下類推。

五層乾至大壯四卦。以陽變陰。即為小畜至泰四卦。下類推。

六層乾夬二卦。以陽變陰。即為大有大壯二卦。下類推。

七層一陽一陰互易。乾變夬。成一陰一陽。下類推。

就位推之。皆消息之理。此即窮則變。變則通之理。自來言易者。惟郭雍傳家易說總論中說卦一文。已提及橫圖之理。然不肯公然揭出。宋人詰邵雍謂邵氏於易不肯示人。以傳其子溫伯。為宋人所公認。郭雍亦然。雖宋二程張載而說卦一文得橫圖之變化。惟鄭玄言伏羲十言之教。八卦八言增以消息二言。郭雍以卦字代消息作九言。仔細明辨。知卦之一言實不能代消息二言。因一卦之中有陰有陽。非消息不能明其變化。此郭氏之誤。書名傳家。知有己而不知有人。此其失也。玩橫圖重在卦位。位是一定不易。所謂位者。初爻三十二位。二爻十六位。三爻八位。四爻四位。五爻二位。上爻一位。躐等即失位。例如

乾卦初上兩爻變。初爻三十二位。上爻一位。相加為三十三位。其卦為大過。乾距大過正三十三位。

乾卦二五兩爻變。二爻十六位。五爻二位。相加為十八位。其卦為離。乾距離正十八位。

乾卦二爻三爻四爻變。二爻十六位。三爻八位。四爻四位。相加為二十八位。其卦為益。乾距益正二十八位。

乾卦初爻三爻五爻變。初爻三十二位。三爻八位。五爻二位。相加為四十二位。其卦為未濟。乾距未濟正四十二位。卦卦可以如此推之。惟消息順逆。

朱熹九圖。及啟蒙附論之三十二圖。使人不能了解者。因未將消息之理說明所致。

五、論易與算不可分離

卦由數起。易算原不可分離。惜治易者往往不知算。能算者往往不知易。彼此隔離。不能溝通。橫圖在折中啟蒙附論中。已列冪形應洛書九位。一圖冪形為算法之原。二圖加倍變法圖。三圖此三圖皆由九章推八卦。江永擴而充之。在河洛精蘊。承啟蒙作乘方法合畫卦加倍法書一圖。以為偶然符合。載入外篇。是江氏有所懷疑。故无切實語。予昔作乘方法合橫圖一文。玆列乘方求廉合橫圖如下。

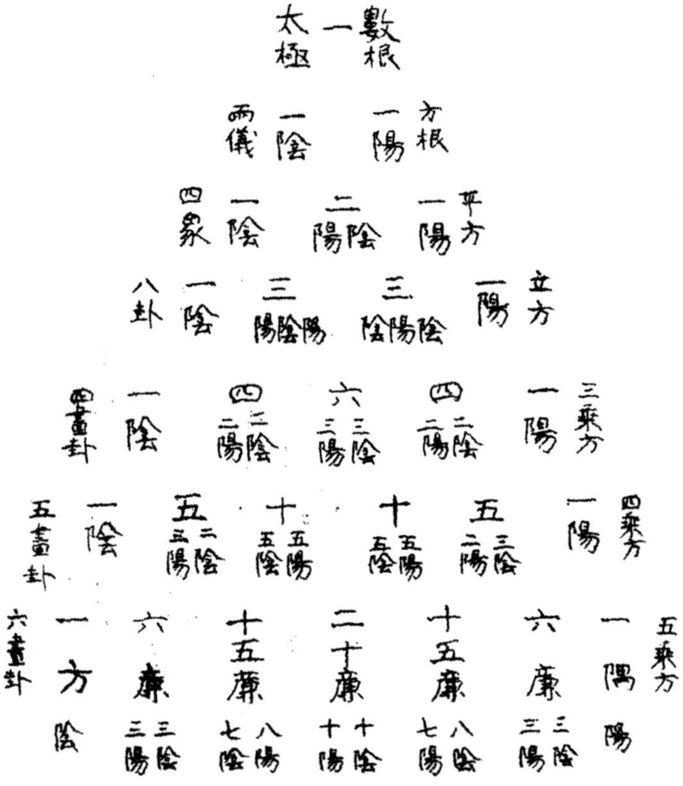

此圖推歸藏一陰一陽之成因。至五乘方以下之求積的算法。載下章連山蠡測一章內。以明連山出於歸藏。因遁生之理同與周易有別。老子曰。道生一。一生二。二生三。三生萬物。萬物負陰而抱陽。沖氣以為和。

道生一。一即太極。是為數根。一生二。二即一陰一陽。即是兩儀。是為方根。二生三。三即四象。即一二一。其數三。中間之二。有陰有陽。以乘方求廉圖交叉讀之。在兩儀四象八卦三項。皆成一二三。王弼注此。以无字為主。殊失老子之本旨。老子又云。

萬物竝作。吾以觀復。夫物芸芸。各復歸其根。（祖縣按。一本無復字。）歸根曰靜。是謂復命。（祖縣按。一本作靜曰復命。）復命曰常。

老子此說。與道生一一節。是聯系的。余懷疑老子未見周易。左傳昭二年。在晉韓起聘魯見易象周易在魯而不在他國。於此可證。

六、圖式

橫圖已詳。乃述方圖。見下附圖一及附圖二。此圖始見於朱震漢上易卦圖。（上卷四頁。）方容納圓圖之內。名曰伏羲八卦圖。朱震云。右圖王豫傳於邵康節。而鄭史得之。歸藏初經者。伏羲初畫八卦。因而重之者也。朱熹又轉載易本義及易學啟蒙。後人著易。亦多列此圖。惟余所附圖二與原圖微有不同。本義云。

方布者。乾始於西北。坤盡於東南。其陽在北。其陰在南。

余不贊同朱熹之說。乾始於西北。坤盡於東南。已據洛書立說。不如用橫圖八折之。乾始坤終之出於自然。至方形圖下列四圖。惟歸魂游魂圖合於周、易之序。其餘各圖。只能用於歸藏。不能用於周易。

方圖第一圖

泰	大畜	需	小畜	大壯	大有	夬	乾
臨	損	節	中孚	歸妹	睽	兌	履
明夷	賁	既濟	家人	豐	離	革	同人
復	頤	屯	益	震	噬嗑	隨	无妄
升	蠱	井	巽	恒	鼎	大過	姤
師	蒙	坎	渙	解	未濟	困	訟
謙	艮	蹇	漸	小過	旅	咸	遯
坤	剝	比	觀	豫	晉	萃	否

第一圖方圖的說明：

方圖根據橫圖繪出。橫圖六十四卦位八析之。每宮八卦為橫行順次排列為上下八層。橫看各層各有八位。縱看各層各隔八位。明乎此。方能將世應各位推算正確。世人對於方圖恒多研究。著書立說。亦不在少數。但皆不結合橫圖。圓圖與方圖。譬猶人身之骨肉血脈相聯。不能分離。若僅用方圖而棄橫圖。是知其偏而不知其全。茲繪下列四圖說明橫圖是體。方圖是用。

第二圖

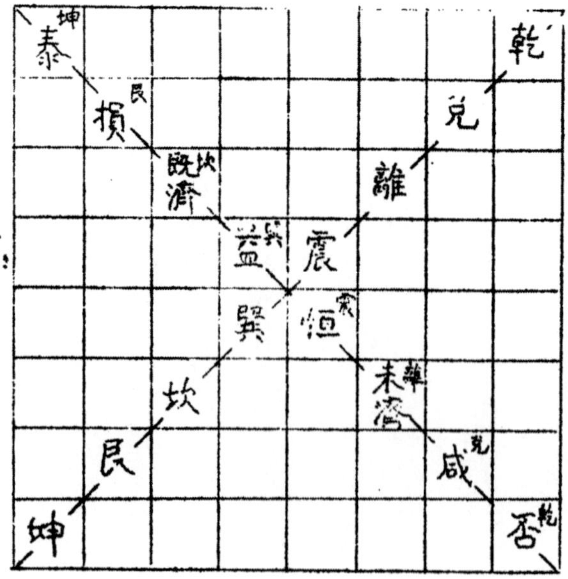

第二圖上世與三世卦：

一、上世卦其序為乾一兌二離三震四巽五坎六艮七坤八之位。乾坤交錯。兌艮交錯。離坎交錯。震巽交錯。

二、三世卦為否（乾三世）咸（兌三世）未濟（離三世）恒（震三世）益（巽三世）既濟（坎三世）損（艮三世）泰（坤三世）之位。否與泰。咸與損。未濟與既濟。恒與益。各相交錯。又相綜。

說明：

方圖既從橫圖六十四卦。用八分為八層。每層各有八位。從乾至坤。否至泰。各畫一斜綫。一為乾兌離震巽坎艮坤的上世卦。一為乾與否。兌與咸。離與未濟。震與恒。巽與益。坎與既濟。艮與損。坤與泰。相對的三世卦由乾本位下數七層至否。為五十六位。由兌本位下數五層至咸。為四十位。由離本位下數二層至未濟。為十六位。由震本位下數一層至恒。為八位。兌行上下各去一層。離行上下各去二層。震行上下各去三層。以一層八位計算。故乾與否相隔七層。即隔五十六位。兌咸相隔五層。即隔四十位。離未濟相隔三層。即隔二十四位。震恒相隔一層。即隔八位。自56至40。自40至24。自24至8。的卦位上下各少二層。即各少十六位。在方圖上的卦位距離與橫圖上的卦位距離。悉相符合。

坤至泰。艮至損。坎至既濟。巽至益。可用同一法理推算。亦无不合。但坤艮坎巽應各就本位上推計算。是陰陽順逆不同的緣故。

第三圖

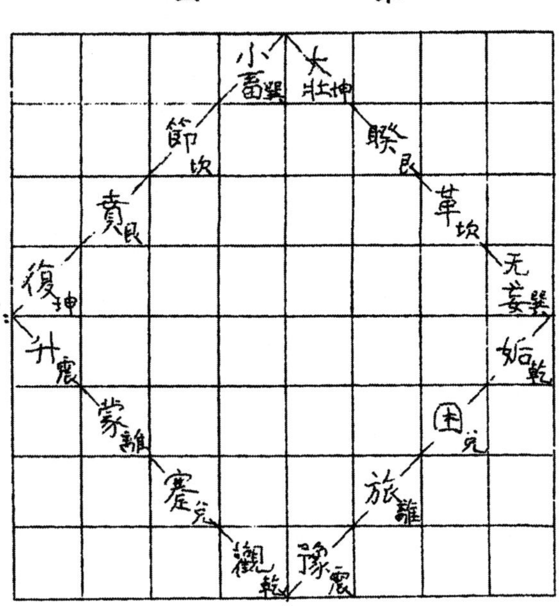

第三圖一世卦與四世卦：

一、一世卦。如姤（乾一世）。困（兌一世）。旅（離一世）。豫（震一世）。小畜（巽一世）。節（坎一世）。賁（艮一世）。復（坤一世）。

二、四世卦。如觀（乾四世）。蹇（兌四世）。蒙（離四世）。升（震四世）。无妄（巽四世）。革（坎四世）。睽（艮四世）。大壯（坤四世）。

姤與復。困與賁。旅與節。豫與小畜。各相交錯。觀與大壯。蹇與睽。蒙與革。升與无妄。亦然。

說明：

由乾本位下數至姤。由兌本位下數至困。由離本位下數至旅。由震本位下數至豫。均隔四層。即各相隔三十二位。由坤本位上推至復。由艮本位上推至賁。由坎本位上推至節。由巽本位上推至小畜。亦均隔四層。即各相隔三十二位。由乾本位下數七層。又從右向左四位至觀。即乾觀相隔六十位。由兌本位下數五層。又從右向左四位至蹇。即兌蹇相隔四十四位。由離下數三層。又從右向左四位至蒙。即離蒙相隔二十八位。由震下數一層。又從右向左。四位至升。即震升相隔十二位。凡從七層五層三層一層。各少二層。即各少十六位。與橫圖距離均同。由坤本位上推七層。又從左向右四位至大壯。得六十。即坤與大壯相隔六十位。由艮至睽。由坎至革。由巽至无妄。即從上例可以推算。不過坤艮坎巽須用上推。又須從右向左推進。與乾兌離震相異。是為陰陽順逆不同的緣故。

第四圖

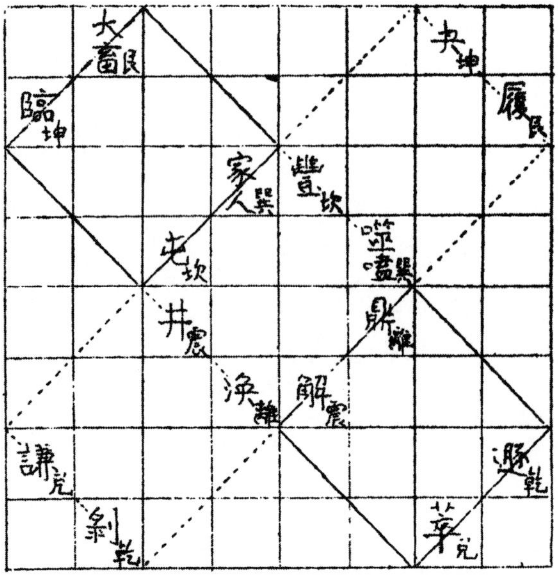

第四圖二世與五世卦：

二世卦。如遯（乾二世）。萃（兌二世）。鼎（離二世）。解（震二世）。家人（巽二世）。屯（坎二世）。大畜（艮二世）。臨（坤二世）。遯與臨。萃與大畜。鼎與屯。解與家人。均相交錯。

五世卦。如剝（乾五世）。謙（兌五世）。渙（離五世）。履（艮五世）。夬（坤五世）。剝與夬。謙與履。渙與豐。井與噬嗑。亦均相錯。

說明：

由乾本位下數六層至遯。得四十八位。即乾遯相隔四十八位。由兌本位下數六層至萃。

得四十八位。即兌萃相隔四十八位。由離本位下數二層至鼎。得十六位。即離鼎相隔十六位。由震本位下數二層至解。得十六位。即震解相隔十六位。由乾本位下數七層。又從右向左六位至剝。共得六十二位。即乾剝相隔六十二位。由兌本位下數五層至謙。得四十六位。即兌謙相隔四十六位。由離本位下數三層。又從右向左二位至渙。得二十六位。即離渙相隔二十六位。由震本位下數一層。又從右向左二位至井。得十位。即震井相隔十位。由坤本位上推七層。又從右向左六位至夬。得六十位。即坤夬相隔六十位。由艮至履。由坎至家人。由巽至豐。亦從上例可以推算。如上數下。下推上。右向左。左向右的不同。亦無非陰陽順逆相推的緣故。

右圖二世卦以——別之。五世卦以……別之。

第五圖

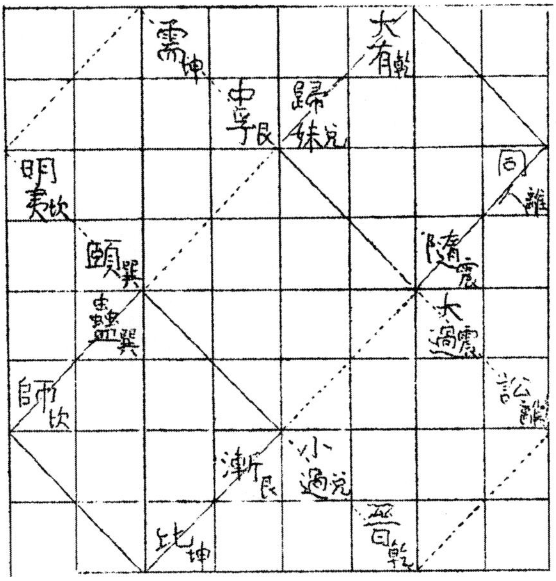

第五圖歸魂與游魂的卦：

歸魂卦。如大有（乾歸魂）。歸妹（兌歸魂）。同人（離歸魂）。隨（震歸魂）。蠱（巽歸魂）。師（坎歸魂）。漸（艮歸魂）。比（坤歸魂）。大有與比。歸妹與漸。同人與師。隨與蠱。均相交錯。

游魂卦。如晉（乾游魂）。小過（兌游魂）。訟（離游魂）。大過（震游魂）。頤（巽游魂）。明夷（坎游魂）。中孚（艮游魂）。需（坤游魂）。晉與需。小過與中孚。訟與明夷。大過與頤。均相交錯。大有對晉。歸妹對小過。其卦同在一宮。同人對明夷。隨對頤。其卦不同宮。因游魂為變。

說明：

在橫圖。乾向左二位大有。否亦向左二位晉。兌向左二位歸妹。咸亦向左二位小過。離向右二位同人。未濟向右二位訟。震向右二位隨。恒向右二位大過。巽向左二位蠱。益向左二位頤。坎向左二位師。既濟向左二位明夷。艮向右二位漸。損向右二位中孚。坤向右二位比。泰向右二位需。其所以向左向右。均以本卦第二爻為標準。陽爻應向左。陰爻應向右。亦適用陽順陰逆的緣故。

大有與晉。比與需。皆隔七層。即相隔五十六位。歸妹與小過。中孚與漸。隔五層。即相隔四十位。同人與訟。明夷與師。隔三層。即相隔二十四位。隨與大過。頤與蠱。隔一層。即相隔八位。均與橫圖位次相合。

右圖歸魂卦以——別之。游魂卦以┅┅別之。

就方圖全圖來說。橫圖六十四卦。既包括在方圖之內。第二圖斜又兩線。有乾、兌、離、震、巽、坎、艮、坤本卦的上世卦。又有相應否、咸、未濟、恒、益、既濟、損、泰的三世卦。已共有十六卦存在。又第三圖一世卦的八卦本卦。四世卦的八卦本卦。又有十六卦相應。第四圖更有二世卦八卦。五世卦八卦。又有十六卦如圖。綜合二三四叁圖。共有四十八卦。尚有十六卦空隙。有第五圖歸魂游魂補充之。適填滿六十四卦之位。其間始終消息。无非陰陽錯綜變化之作用。易道四端。尤重要在於通變趣時。制器尚象。即就第二圖交叉兩線。說者謂之易機之經緯。无非錯綜作用。學易要務。首在序卦之鑽研。將由淺入深。由顯入隱。即所謂易簡精微。始作也簡。將成也鉅。

方圖消息圖

坤息圖

夬隔1卦為乾。即坤上爻之變。
大壯2卦至夬。即坤五爻之變。
泰4卦至大壯。即坤四爻之變。

泰$_1$	2	3	4	大壯$_1$	2	夬$_1$	乾
臨$_1$	2	3	4	5	6	7	8
9	10	11	12	13	14	15	16
復$_1$	2	3	4	5	6	7	8
25	26	27	28	29	30	31	32
17	18	19	20	21	22	23	24
9	10	11	12	13	14	15	16
坤$_1$	2	3	4	5	6	7	8

臨8卦至泰。即坤三爻之變。
復16卦至臨。即坤二爻之變。
坤32卦至復。即坤初爻之變。

乾消圖

遯8卦至否。即乾三爻變。
否4卦至觀。即乾四爻變。
觀2卦至剝。即乾五爻變。

8	7	6	5	4	3	2	乾
16	15	14	13	12	11	10	9
24	23	22	21	20	19	18	17
32	31	30	29	28	27	26	25
8	7	6	5	4	3	2	姤$_1$
16	15	14	13	12	11	10	9
8	7	6	5	4	3	2	遯$_1$
坤	剝$_1$	2	觀	4	3	2	否$_1$

剝1卦至坤。即乾上爻變。
姤16卦至遯。即乾二爻變。
乾32卦至姤。即乾初爻變。

A. 消卦息卦亦是卦，乃是爻，虞翻繫辭注云：「十二消息」謂九六相變。曰九曰六，是爻變之明證。

B. 前橫圖已言消息之理，但不及方圖明顯。茲復繪方圖消息圖，以明32[illegible]級數之理。

C. 荀爽繫辭注：「息卦為進，消卦為退。」荀說息卦消卦，亦非指卦，實指爻，九家易泰卦注：「陽息而升，陰消而降。」又曰：「陽稱息者長也，起復成巽。」是言陰爻變陽爻為息，舉以坤卦七項為例。

1. 由坤息剝、比、觀、豫、晉、萃、否、謙、艮、蹇、漸、小過、旅、咸、遯、師、蒙、坎、渙、解、未濟、困、訟、升、蠱、井、巽、恆、鼎、大過、姤32卦而至復。復為坤初爻之變。即九家易所謂「起復成巽」。是言進。
2. 由復息頤、屯、益、震、噬嗑、隨、无妄、明夷、賁、既濟、家人、豐、離、革、同人16卦而至臨。臨為坤二爻之變
3. 由臨息損、節、中孚、歸妹、睽、兌、履8卦而至泰。泰為坤三爻之變。
4. 由泰息大畜、需、小畜4卦而至大壯。大壯為坤四爻之變。
5. 由大壯息大有2卦而至夬。夬為坤五爻之變。
6. 由夬息乾，隔1卦為乾。乾為坤上爻之變，後世云圖以坤為首。是進非退。昧於消息之理。
7. 歸魂即坤息二位為比。游魂即泰息二位為需。

上繪坤息卦圖以明之。

D. 又如乾卦。荀爽繫辭注云，「陰言消者。起姤終乾。」是言陽爻變陰爻為消，亦可舉七項為例。

1.由乾消夬大有大壯小畜需大畜泰履兌睽歸妹中孚節損臨同人革離豐家人既濟賁明夷无妄隨噬嗑震益屯頤復32卦。而至姤。姤為乾初爻之變。即起姤終乾。是退荀氏云起終之說是兼乾坤而言之。

2.由姤消大過鼎恒巽井蠱升訟困未濟解渙坎蒙師16卦。而至遯。遯為乾二爻之變。

3.由遯消咸旅小過漸蹇艮謙8卦。而至否。否為乾三爻之變。

4.由否消萃晉豫4卦。而至觀。觀為乾四爻之變。

5.由觀消比2卦。而至剝。剝為乾五爻之變。

6.由剝消坤隔1卦。為坤。坤為乾上爻之變。乾坤二卦。其位皆反向。

7.歸魂即乾消二位為大有，游魂即否消二位為晉。

上列乾消卦圖以明之。

E.茲略舉乾坤二卦消息之定例。其餘六十二卦。可類推。但遇陰爻陽爻。消與息不可誤排。

F.消息之理。漢人謂之陽升陰降。升降繫辭未見，陽升即陽爻變陰爻是息，陰降即陰爻變陽爻是消，至周易爻變尚變通不尚消息，惟初爻32位。二爻16位。三爻8位。四爻4位。五爻2位。上爻1位。與橫圖及方圖則相同。

圓圖言錯不言綜。朱熹本傳圓圖云：

布圓者乾盡午中，坤盡子中，離盡卯中，坎盡酉中。陽生於子中極於午中，陰生於午中極於子中。

朱熹布圓之說，殊非橫圖似伏羲所畫，八析為方圖，環之自乾迄坤為圓圖。何必再用布方布圓之說。在啟蒙謂是引邵雍之說。而邵說在皇極經世先之亦是一疑問。邵伯溫邵氏聞見錄卷十九云：

康節先公先天之學，伯溫不肖不敢稱贊。

伯溫之說如是。其子博邵氏聞見後錄卷六詰陳瓘語亦同。總之易圖釐正若少，即有解說亦少肯定論斷。

圓圖宋以後各家著述，除漢學家外，咸喜載之。然雜揉難免。明來知德集注卷末五十七頁，先天六十四卦圓圖原龍氏朱元昇三易備遺，胡安世大易則通，龍氏之改變舊圖見附圖四，惟圓圖之方位是錯，當從來氏六十四卦生兩儀圖為正。見卷末六十九頁。朱來胡三氏皆喜言象而不知象不能離消息，故措辭繁而寡要。

一、圓圖是錯不是綜，明了錯的理，方可以讀圓圖。若把來氏之圖來求橫圖之錯，仍不能了解六十四卦。

二、圓圖之組織在錯。所謂錯者，就是六十四卦，卦卦相對，陽錯陰，陰錯陽者是。如乾䷀至坤䷁。相距為六十四卦，今朱震之圓圖相距只有三十二卦，與六十四卦之理相悖。

三、圓圖之排列，仍當以乾䷀一，兌䷹二，離䷝三，震䷲四，巽䷸五，坎䷜六，艮䷳七，坤䷁八。依次序排列之兩卦相對。即是相錯。

四．圓圖即將橫圖成環形讀之。例如乾坤自乾順行一圈至坤。即六十四卦。

五、兩卦相錯成六十四卦。如下表排列。

1 乾䷀ 坤䷁ 乾至坤。順行。共六十四位。反從坤逆行至乾，同。與周易序同。

2 夬䷪ 剝䷖ 夬至剝六十二位。

3 大有䷍ 比䷇ 大有至比六十位。

4 大壯䷡ 觀䷓ 大壯至觀五十八位。

5 小畜䷈ 豫䷏ 小畜至豫五十六位，

6 需䷄ 晉䷢ 需至晉五十四位。

7 大畜䷙ 萃䷬ 大畜至萃五十二位。

8
泰 否
泰至否五十位。與周易序。

9
履 謙
履至謙四十八位。

10
兑 艮
兑至艮四十六位。

11
睽 蹇
睽至蹇四十四位。

12
歸妹 漸
歸妹至漸四十二位。與周易序同。

13
中孚 小過
中孚至小過四十位。與周易序同。

14
節 旅
節至旅三十八位。

15
損 咸
損至咸三十六位。

16
臨 遯
臨至遯三十四位。

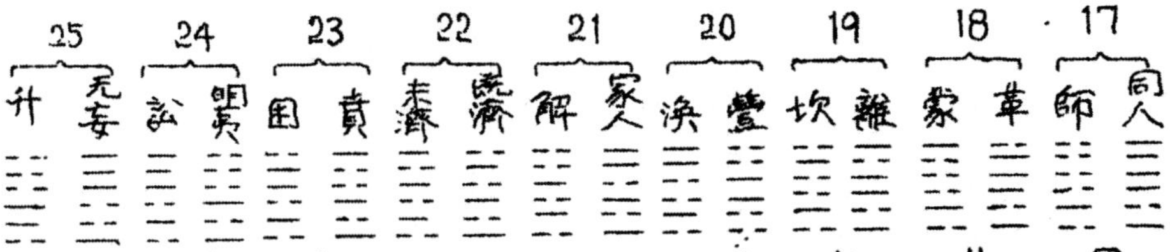

同人至師三十二位。

革至蒙三十位。

離至坎二十八位。與周易序同。

豐至渙二十六位。

家人至解二十四位。

既濟至未濟二十二位。

賁至困二十位。

明夷至訟十八位。

无妄至升十六位。

26	27	28	29	30	31	32
隨 ䷐ 蠱 ䷑	噬嗑 ䷔ 井 ䷯	震 ䷲ 巽 ䷸	益 ䷩ 恆 ䷟	屯 ䷂ 鼎 ䷱	頤 ䷚ 大過 ䷛	復 ䷗ 姤 ䷫
隨至蠱十四位。與周易序同。	噬嗑至井十二位。	震至巽十位。	益至恆八位。	屯至鼎六位。	頤至大過四位。	復至姤二位。

圓圖在各注中。惟明來知德集注卷末。四十七頁。圓倍乘方因重一圖中。圓圖可采。而方圖則以四立即立春立夏立秋立冬。十二月二十八宿。雜入圖中。又顛倒方位。出於杜撰。又六十九頁六十四卦出於兩儀圖。始乾終坤。使人易悟。又七十頁六十四卦陰陽倍乘之圖。與上圖同。而顛倒其卦位。使學者迷惑。不知何意。伏羲六十四卦圓圖列下。

伏羲六十四卦圓圖

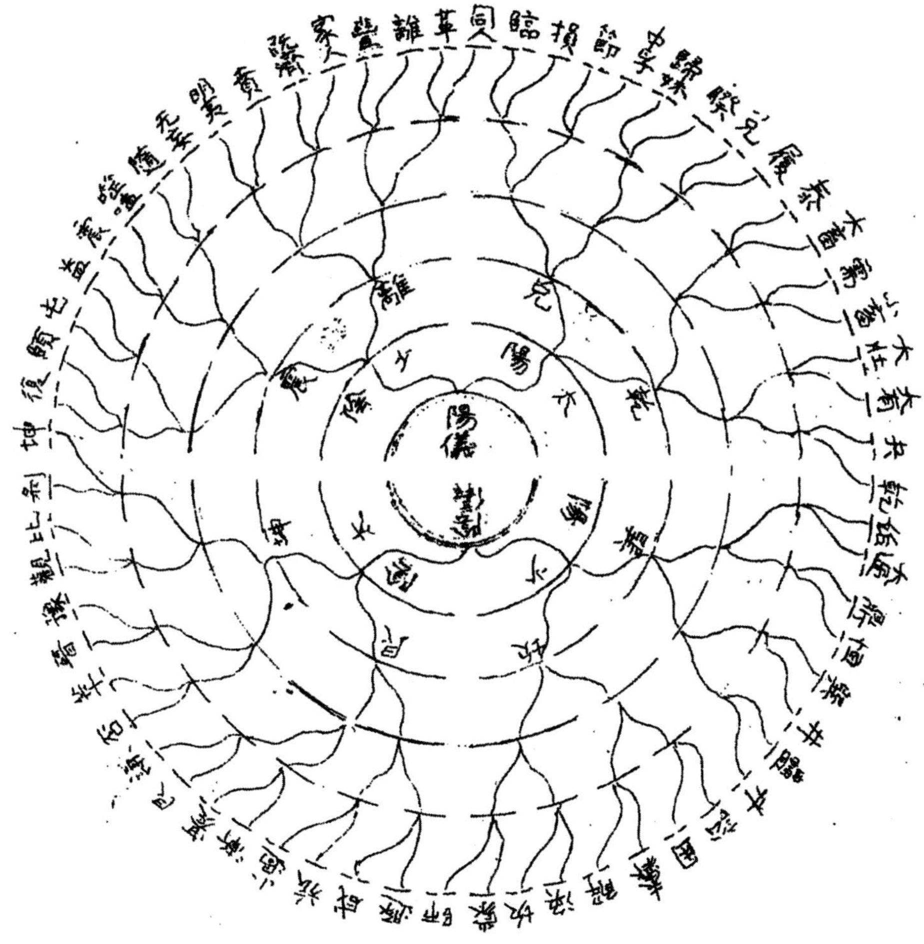

按此圖為來氏知德據朱元昇所列者。胡安世襲之。其實方位是錯的。

來氏集註。注重錯義。但不知錯即消息。如上表兩卦之錯。即老子所謂夫物芸芸。各復歸其根者是。在剝䷖之象。君子尚消息盈虛。來氏注云。

消息者盈虛之方始。盈虛者消息之巳成。祖緜按，來氏此二句說得不見切實。消息盈虛四字皆以陽言，祖緜按，按來氏此句更不合邏輯。陽消陰息，巳成易之名詞。復者陽之息。姤者陽之消。乾者陽之盈。坤者陽之虛。此正陽消而將虛之時也。祖緜按，來氏此注全以陽字立說，殊非。

至豐䷶之象曰。日中則昃月盈則食。天地盈虛與時消息。來注至膚。來氏注易。卷首列圖象。而後人則又作圖象補遺。此補遺並非他人所作。乃出瞿塘日錄。為瞿塘文集，言消息二字。實言不由中。消息即錯。錯即消息。惟來氏以息者。喘息也。呼吸之氣也。此說雖據說文。究於義不相涉。鄭玄舉出伏羲十言之教。消息二言。實指歸藏。茲述其大畧如此。

七、消息辨義

古人以消息解周易。始於虞翻。至清吳中惠士奇父子繼之。張惠言以惠氏之說。尚非嚴正。兼雜以他家。乃作周易虞氏易九卷。消息二卷。遂開後人治虞學之風。然承其學者粗枝大葉。而昧於家法。爲程紀磊。着周易消息十四卷。劉氏嘉業堂吳興叢書刻本作十五卷，因首卷原作上下兩卷。言實少要自虞翻以來。皆未闡明十言之教。爲伏羲之易。乃附會於文王之易。殊失其本而來知德言錯。以乾坤坎離大過頤小過中孚八卦為錯。否泰既濟未濟歸妹漸隨蠱八卦可錯可綜。殊失立言之旨。錯與綜根本不同。來氏并為一談。无怪杭辛齋以一談即錯識之。是由於不知歸藏與周易之別。混而為一。故有此種不經之論。昔余以今之治漢易者。家法混淆。乃著周易孟氏學。以虞氏五世治孟氏易。辨明虞翻之易。已非孟說。實雜魏伯陽參同契之說。如釋文虞翻注參同契云。易字從日下月。又注繫傳縣象著明。即用魏氏納甲之類。乃是確證。魏居上虞。虞居餘姚。兩邑毗連。因地域關係。虞翻已受到魏伯陽參同契上篇學說之影響。而又拾徐景休之說。故虞氏言消息。是片面的。三國志虞翻傳注引別傳。翻初立易注。奏上曰。

又臣郡吏陳桃夢臣與道士相遇。放髮被鹿裘。布易六爻。撓其三以飲臣。臣乞盡吞之。道士言易道在天。三爻足矣。豈臣受命。應當知經。

奏文陋而且俗。虞氏以十二消息為全注之綱領。從未將六爻之消息源源本本寫出。而以撓三爻足矣一句搪塞之。是虞氏言消息。實不能盡消息之蘊。惠棟周易述多述虞注。又雜他說。而不肯加以辨別。使讀者不能辨別家數。發明真理。此惠氏未能正三易之大別。因漢時治易。施孟梁丘京四家各樹一幟。互相攻訐。師法久失。馬融治費直易。予乃作馬氏易傳疏證。考其是非。釋其疑滯。南通徐昂得余書未三日。特正四條來告。徐君治京氏易。又治虞氏易。其第一則賁之六四。證以鄭氏爻辰。第二則頤之九四。以京氏飛伏。第三則大過九五。以虞氏大過從大壯來。第四則革卦之象。水火相息句。以息字與消息之息字相同。徐昂以京虞兩氏之說。以詰馬氏。昧於家法。不知此一息字實為熄滅之熄。而非消息之息。以卦言之。革為坎宮四世卦。象言水火相息。曰水指革在坎宮。曰火指坎宮一二三爻已變離。離為火。故曰水火相息。以水制火則息。當從馬氏作熄為正。而徐君迷於京虞兩家之說。以正余說。茲錄全文。並錄徐君按語。余之原文水火相息如下。

釋文。息。馬云滅也。

集解引鄭玄注。水火相息。而更用事。猶王者受命。改正朔。易服色。故謂之革。

王弼注。凡不合而後乃變生。變之所生。生於不合者也。故取不合之象。以為革也。息者生變之謂也。火欲上而澤欲下。水火相戰。而後生變者。二女同居。而有水火之性。近而不相得也。

祖緜按。釋文息。說文作熄。（十篇上火部）熄下不稱易。以釋文證之。似說文有奪字也。馬息。滅也。猶言以水滅火也。鄭玄注。水火相息。而更用事。則息不作消息之息。釋亦滅也。王弼注。以生變釋息。變即革也。正義以戰為侵尅。侵尅亦滅矣。

馬鄭王三說。皆以息非消息之息。乃熄滅之熄。可證。余作馬氏疏證。引鄭者。為馬氏之弟子。引王弼者。王雖掃象。弼祖凱。與劉表為舅甥。弼得表餘緒。表亦治費氏易者。而徐昂云革卦六爻。惟九四一爻失位。變之正。還成未濟。（祖綿按，虞氏言消息之例如此。非費氏易。）離火在下而炎上。（祖綿按，指革內卦。）坎水在上而潤下。（祖綿按，革為坎宮四世卦，四爻坎已變兌，已无坎，不必再言坎。）坎子水一陽生，離午火一陰生。（祖綿按，此四句，徐君以雜易立說，四爻變兌。已无坎象。若云革屬坎宮，猶可附會。且外卦兌，兌已毀折，亦滅象。）而子水胎於午火。午火胎於子水。（祖綿按，又出胎字，未免過俗。）互相生息。鄭氏謂息為更相用事。（祖綿按，鄭玄謂更用事，無相字。更用事，即滅字之意。）王弼訓息為生變。（祖綿按，王弼注生變與變生，以革命立說，亦含滅義。徐君有京氏易傳之著述。京氏於革卦有大變生而為熱，不作生息解。）與馬氏之釋滅有別。消息兩字。息與消成對象。息非滅之謂也。

徐說據虞翻注息長也。以詰馬氏息訓滅為非。欲抑馬而伸虞。犯昧於家法。至王弼訓息為變生。又生變。孔穎達正義疏之甚明。其言云。

曰革者。此就二體釋卦名也。水火相息。先就二象明革息生也。火本乾燥。澤本潤濕。燥濕殊性。不可共處。若其共處。必相侵尅。既相侵尅。其變乃生。變生則本性改矣。水熱而成湯。火滅而氣冷。是謂革也。

以孔疏證之。王弼生變與馬氏之釋滅無別。而徐昂泥於虞翻之說。以曲解王說。徐昂四證中。與消息有關。故特舉之。

八、歸藏卦名為後人妄改說

歸藏連山。古人曲說至多。如歸藏卦名多異字。坤為與。艮為狠。坎為犖。震為釐。需為溽。小畜為小毒畜。臨為林禍。升為稱。剝為僕。无妄為毋亡。大畜為大毒畜。觀為瞿。家人為散家人。渙為奐。解為荔。損為員。咸為誠。旅為欽。節為規。明夷為夜。謙為兼。睽為分。賁為岑霽。遯為遂。蠱為蜀。隨為馬徒。此皆後人妄改。不足為訓。雖經干寶李過黃宗炎朱彝尊之攷證。皆非定論。故不入正文。桓譚新論。謂歸藏四千三百言。以鄭玄伏羲十言之教證之。桓氏四千三百言。是為歸藏之繇辭。且繇辭多偽。故不舉。清人徐善著徐氏四易。徐善嘉興人。其書已佚。見朱氏經義考。譏人治歸藏：以謬以陋以附會以肆四者。即指乾君坤藏而言。此亦不足為訓。又歸藏有齊母鄭君二經。母為坤而齊。而鄭不知何義。郭璞爾雅注引齊母。山海經注引鄭母。抑齊人治歸藏曰齊母。鄭人治歸藏曰鄭母。語皆繇辭。故亦不舉。

三易新論 上卷

第八章 連山蠡測

一、連山述要

沈祖緜 瓞民學

連山與歸藏。孰先孰後。周禮太卜鄭玄注引杜子春云。

連山宓戲。歸藏黃帝。

據杜說。是連山先於歸藏。然以成卦之因推之。非歸藏不能成連山。孔穎達正義云。

案世譜等羣書。神農一曰連山氏。亦曰列山氏。黃帝一曰歸藏氏。既連山歸藏。並是代號。

世譜等書。雖有記載。然非信史。國語魯語上。昔烈山氏之有天下也。韋昭解云。

烈山氏。炎帝之號也。起於烈山。禮祭法以烈山為厲山也。

左傳昭二十九年。有烈山之子曰柱。為稷。杜預注云。

烈山氏。神農世諸侯。

韋解杜注不類。而賈鄭皆以烈山氏為炎帝之號。班固漢書古今人表炎帝神農氏下。列山氏歸藏氏。則列山非神農氏之别號。歸藏非黄帝之别號可證。班固此表繼世相次。總備古今之略要。較諸書為勝。注中述學釋連山。以章義為允。亦不贊同連山的解釋。鄭玄周禮太卜注云。

名曰連山。以山出內氣也。

魏志高貴鄉公記易博士淳于俊曰。

故易者變易也。名曰連山。似山出內氣。連天地也。

孔穎達易正義曰。

連山者。象山之出雲。連連不絶。

似孔據他本而言。其實解連山二字。三說皆非。連山者。猶山脈連亘不絶之意。別無其他意義。由二儀加至十二層。即是連山。在焦贛易林。已發其端。即一卦變為六十四卦者是。惟易林不以歸藏之序為序。而以周易之序為序。竊以為焦氏未必如此。殆後人稍治周易者。未明連山序卦之蘊。而以周易之序為序。改定焦氏之書。要之易林一書。與桓譚所見連山八萬言字數不相上下。是焦贛擬議連山繇辭。雜以秦漢時事。與連山繇辭異。然以乾卦之六十四卦而論。乾之豫。禹鑿龍門。通利水源。乾之剝。大禹戒路。蚩尤除道。乾之中孚。舜升大禹。石夷之野等語。似襲連山繇辭語。焦於連山之真理。絶未闡發。而所作繇辭。頗似啞謎射覆。且錯簡殊多。

連山之易。由消息二言而來。無非以一陽一陰。由歸藏五乘方加至十一乘方。一卦變六十四卦。六十四卦遞乘變四千九十六卦。其卦數與焦贛易林之數合。江永河洛精蘊卷六。乘方法合畫法加倍法暨圖說。即是歸藏六乘方至十一乘方圖暨圖說。即是連山。啟蒙附論創於前。江永河洛精蘊繼於後。實於易不謂無見。而江氏對於乘方得四千九十六卦。適與連山之數合。易是數。舍數可不必言易。歸藏連山。漢人之說。雖亡佚。以啟蒙附論各圖。可探賾索隱。而得其緒。江永河洛精蘊卷六。外論結論。忽游移其辭。乃云。

按易之一卦變為六十四卦。因爻有九六而變。（祖緜按。此句江氏以周易解歸藏連山。真是風馬牛不相及。與周易陽爻變用九。陰爻變用六。更不涉）其變卦列之於旁。非累加於六畫之十二畫也。（祖緜按。此二句大謬特謬。昔先子於清代學者服膺江戴。在周易示兒錄下編解焦氏易林。從江氏立說。未加禕正。）因啟蒙有漸加之說。與乘方之理相符。故圖之。其實卦變之畫。如是而止。（祖緜按。此句江氏祇知有六畫。不知有十二畫。）如乘方過多。高與天齊。亦無所用。啟蒙又言累至二十四畫無終極。似不必也。（祖緜按。朱熹說。合於科學家言。江氏此說。似未深究。）

按江氏此節文字。實為皖學之大玷。不知連山是十二畫卦。不是六畫卦。而焦贛易林。亦是十二畫。不是六畫卦。六畫者。是歸藏和周易。江氏以三易皆為六畫卦。未免師心自用。乘方是無終極的陰陽兩數的幾次方。本質上是乘法運算。所以他的幾次方自然是可以推到任何次方。朱熹所謂無終極。而江氏乃認為不必。漠然置之。且朱江二說。亦未能證明五乘方為歸藏十一乘方為連山。使後人并三易為一易。在漢時對連山歸藏二易桓譚新論王充論衡間嘗及之。雖桓譚之說未窺全豹。而王說具在。然對於二易與周易之大別皆懸而未斷。惟鄭玄注乾鑿度畧露端倪。乾鑿度云。

易一陰一陽合而為十五之謂道。陽變七之九。陰變八之六。亦合於十五。則彖變之數若之一也。

鄭玄注云。

九六。爻之變動者。繫曰爻效天下之動也。然則連山歸藏占彖本其質性也。周易占變者。效其流動也。彖者。斷也。

鄭注已分析三易之異同。言九六之變指周易。七八不變指歸藏連山。若以九六之變用於連山歸藏。七八不變用於周易。不能貫通七八二字。自漢至今類能言之。 先子周易易解。見卷八。以七為少陽以八為少陰。合之橫圖之四象。見歸藏附圖一。始有證據。章耒春秋內外傳筮辭攷證晉語楚子送公子重耳於秦公子筮得國一文。載其父倬友石居讀書記云。

揲蓍宜先別四象。四象者老陽老陰少陽少陰也。老陽三十六策。四其九。故曰九。老陰二十四策。四其六。故曰六。少陽二十八策。四其七。故曰七。少陰三十二策。四其八。故曰八。

其說與 先子之說合。因 先子與章氏父子當時同周旋於劉熙載先生之門。故立說往往相似。

七八之說。乃是三易之占筮問題。三國志魏志高貴鄉公紀云。

丙辰帝幸太學問諸儒曰聖人幽贊神明。仰觀俯察始作八卦。後聖重之為六十四。立爻以極數。凡斯大義。罔有不備。而夏有連山。殷有歸藏。周曰周易。易之書。其故何也。易博士淳于俊對曰。包羲因燧皇之圖。而制八卦。神農演之為六十四。黃帝堯舜通其變。三代隨時質文。各繇其事。祖縣按淳于俊說有繇字。是魏時已以二易為繇辭。故易者。變易也。名曰連山。似山出內氣連天地也。歸藏者。萬事莫不歸藏於其中也。帝又曰。若使包羲因燧皇而作易。孔子何以不云燧人氏沒。包羲氏作乎。俊不能答。

觀此魏時對三易。已在渺茫之間。晉人阮籍通易論云。見阮籍文集。嚴可均全三國文卷四十五。

庖犧氏布演六十四卦之變。後世聖人觀而因之。祖縣按對於卦如何觀如何因。阮氏未言之。殊為失言。象而用之。祖縣按此句亦然。象與用亦有研究之價值。憑空而談。實不合辯證之原理。禹湯之經皆在。祖縣按阮氏所謂禹想係連山。所謂湯實係歸藏。在阮氏時猶能見禹湯所作繇辭。後世劉炫李遇所偽作之連山歸藏。是所本。而上古之文不存。祖縣按上古連山歸藏不外消息二字。至今尚存。至乎文王。故繫其辭。祖縣按阮氏此說。不辨三易之別。于是歸藏氏逝。而周典代經興。祖縣按特別提出歸藏氏頗有卓見。

通易論都二千八十七言。茲擇要錄之。其言禹湯之經皆在。在阮氏時。禹湯所作之繇辭。乃親見之。至上古之文不存。上古尚質。祇言消息二言。歸藏由消息二言。包括其義。連山復由歸藏一陽一陰。遞加至十二層。由一卦遞生為六十四卦。卦卦是錯。不是綜。後人又把錯卦改立名目。使讀易愈治愈亂。如虞翻改錯為旁通。清人治虞氏易。對錯與旁通。始終以為是兩個。未知是為一個。又虞氏注說卦傳。八卦相錯云。

錯摩則剛柔相摩。八卦相蕩也。

虞氏以錯以旁通以摩以蕩解得支離萬分。解經有一定之界限。不能文苑之士。所作詩賦文章聲調不協。可任意為之。此二者之分明如此。至易之用字之嚴密。又在先秦諸子之上。

二 連山五證

連山之公式。可以一陽一陰遞加至六畫盡之。茲證明後人誤解之說如下。

一、干寶周禮注云

帝出乎震。齊乎巽。相見乎離。致役乎坤。說言乎兌。戰乎乾。勞乎坎。成言乎艮。此連山之易也。

干寶周禮注已佚。載賈公彥儀禮疏。羅泌路史發揮論三易。亦主是說。其說非在說卦傳。是言洛書之位。與連山不相涉。茲繪圖以明之

如圖據說卦傳解釋及卦位。明定四正四維之方位。按圖可索。即闡明繫辭天一地二天三地四天五地六天七地八天九地十。流轉之法。而干羅兩氏竟誤以為連山。實南轅而北轍。

清代吳縣楊元吝着補正三易圖說。余家藏本。日寇陷蘇城亡佚。先子周易易解中及之。見原書卷十第十章。楊繩武先考正

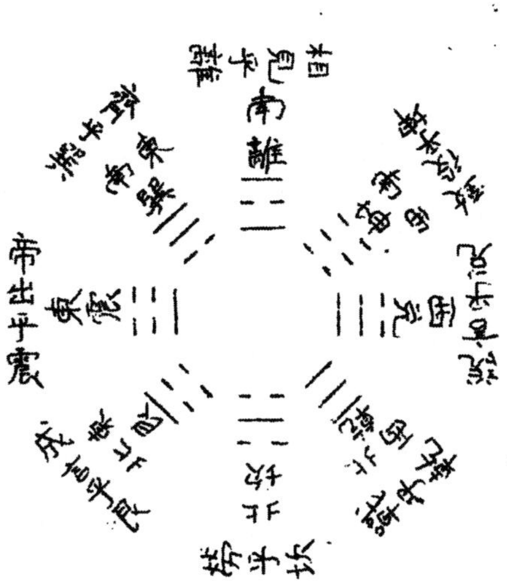

孝先生行述云。古柏軒集及陳希恕楊忠文先生實錄卷四。祖縣按書名與余家藏本異。其為功於經學更大。蓋說補正歸藏圖一篇。卦傳列天地定位三章。明指三易卦位。而後儒莫知其解。先府君乃各著為圖而立說。以推明之。以天地定位章為連山。乾君坤藏章為歸藏。出震成艮章為周易。凡陰陽配偶之卦。連山皆相對。歸藏皆相連。其陰陽多寡之數相反。此皆法象自然之妙。而非有所穿鑿者。自漢杜子春宋邵堯夫畧闡其機。而卒未能實指其義。至先府君始發明之。崑山葉孝廉均禧讀之。祖縣按。均禧方鶴孫。師事楊无咎。授歸藏易。歷三十餘年。十易稿而成易圖說五卷。書未梓行。以為先府君上距孔子二千一百九十年。闡明絕學。

楊說不以出震成艮章為周易。因此章實言洛書在周易組織中有時用之。並非完全為周易立說。至乾君坤藏章實指河圖在橫圖八卦一層。以橫圖分析讀之自明。

雷震以動之。風巽以散之。即橫圖之八卦一層。震巽二卦相連。說卦傳以震巽二卦為中心點。生成之數四九為友同。

雨坎以潤之。日離以烜之。如橫圖巽與坎連。震與離連。向外推進推出一步。

艮以止之。兌以悅之。如橫圖坎與艮連。離與兌連。又向外推進推出一步。

乾以君之。坤以藏之。坤以藏之的言歸藏二字之真諦。如橫圖兌與乾連。艮與坤連。又向外推進推出一步。

先子特舉楊氏之說。自來注此節者至多。皆无楊氏之諦。其說合乎繫辭齊大小者存乎卦。又合於繫辭乾專坤翕乾直坤闢。乾健坤順之理。即是錯換言之即是雌雄交媾。郭沫若中國古代社會研究周易時代的社會生活特舉出云。

八卦的根底我們很鮮明地可以看出古代生殖器崇拜的孑遺。畫一以像男根。分而為二以象女陰。所以由此而演出男女、父母、陰陽、剛柔、天地的觀念。

郭說與專翕直闢之說合。讀者或以為褻。不知繫辭已言男女構精。萬物化生。在坤卦文言已達大生之旨。一顯一隱。皆有合於易道之至理。一張橫圖專在錯。錯則雌雄交媾。八卦相錯由一陰一陽相錯而成。錯有交意。楚辭國殤王逸注錯交也是其證。至楊无咎以天地定位章為連山。亦多此一舉。連山之次第。當認定為出於歸藏。並可證明天地定位章與乾君坤藏章是一致。不過說卦傳反覆詳言之。使學者知卦象之用。不至謬解。茲把兩章統一起來。即可明瞭。

天地定位。……即乾以君之。坤以藏之。

山澤通氣。……即艮以止之。兌以悅之。

雷風相薄。……即雷以動之。風以散之。

水火不相射。……即雨以潤之。日以烜之。

或以兩章措辭次第不同。因而楊无咎懷疑兩章各具一義。彼此不能相通。當以楊无咎天地定位章為連山易。乾君坤藏章為歸藏易。分別二易為然。余乃答曰。當推算兩易之數可通。惟稍繁爾。說卦傳先後文不一例者蓋當時尚竹簡。竹簡顛倒。謂之錯簡。此恐錯簡。以此證證連山出於歸藏。為第一事。

二。周易首乾。歸藏首坤。連山首艮之說。自晉人皇甫謐始。此係鑿空之談。漢魏以前无人道及。又創三統之說。更覺奇離。劉敞以下宋人說見公是集。邵雍說見皇極經世。方慤說見禮記集解。朱震說見漢上易傳等。蔡元定說見皇極經世注。鄭東卿說見周易疑難圖解。羅泌說見路史發揮三易說。李過說見西谿易說。王應麟說見困學紀聞。朱元昇說見三易備遺。朱隱老以下明人說見皇極經世說。朱升說見易前圖。王道說見易億。孫奇逢以下清人說見讀易大旨。尤侗說見艮齋雜記。等。皆依附皇甫謐首艮之說。兼及三統術。而以其術求之。亦與其說異。皇甫之說。咸屬空談。此可證連山首艮之說。出於皇甫氏之偽造。與劉炫偽造之連山。同一炫人之舉。其說不足信。因皇甫謐不知連山是由歸藏增至十二畫一卦變六十四卦而來。

三。揲蓍之法。周易尚變。凡遇九記為⊖稱老陽。遇六記為-×-稱老陰。以之變爻為占。此周易以大衍之數為求策之定例。而歸藏連山。以七八不變為占。以七為少陽。遇陽爻不變者記以一。以八為少陰。遇陰爻不變記以--。與周易不同。故周易實與歸藏連山之立成不合。歸藏連山祇有畫卦。不尚爻變。不必言變。是一陽一陰。祇是呆板的排列。即今之橫圖。由一陽一陰順行。從乾至坤。成六十四卦。觀橫圖。從乾至坤。是一陽一陰。與繫辭所云一陰一陽之謂道。似不相符。但能知消息之理。即能了解此句之旨。乾消至坤。坤息至乾。陰陽互易。上下相錯。一陽一陰。消息而為一陰一陽。以錯字解道字。其義始顯。換言之。即繫辭所謂生生之謂易。亦即禮記郊特牲所謂陰陽和而後萬物生之義。老子有言。萬物負陰而抱陽。沖氣以為和。亦符消息之理。如不明消息。則一張橫圖是死板的。即犯獨陰不生獨陽不生(見穀梁莊三年傳文)之弊。至周易以通變立說。又較消息進了一步。惠棟周易述。以乾鑿度易一陰一陽合于十五之謂道解之。不知十五乃洛書之數。與消息實不相謀。惠棟又引參同契三統曆太玄三說。愈說而愈不合。宋邵雍程頤朱熹輩。雖有解釋。要皆膚淺。朱熹本義以陰陽迭運立說。陰陽迭運四字。似指消息立說。然亦未明其蘊。黎世序河上易傳演繹朱氏之說云。

一陰一陽。兩相匹配。迭運不窮。此即所謂道也。舍此而外。別无所謂道也。

黎所謂兩相匹配。即乾消至坤。坤息至乾者是。至迭運不窮。言消息之陽可消陰。陰可息陽。即是消息。繫辭云。

乾之策二百一十有六。坤之策百四十有四。凡三百有六十。當期之日。二篇之策萬有一千五百二十。當萬物之數也。

荀爽韓康伯皆有注。韓注簡而明。雖以周易六爻及上下經立說。與歸藏六畫之卦。策數可以相通。惟不能卦卦相錯。皆成三百六十策。至連山為十二畫卦。為歸藏策數加至六層。得七百二十。韓注云。

陽爻六。一爻三十六策。祖縣按。三十六策。數之所生。有二說。一說以四時立說。陽數在盛夏為九。以四乘九。得三十六。一說以大衍之用四十有九。在周易十八變而成卦。三變歸奇之數。為五為四又為四。相加為十三。從四十九數減之。得三十六。惟歸藏連山求策亦用之。六爻二百一十六。陰爻六。一爻二十四策。祖縣按。二十四策。一說以四時立說。陰數在隆冬為六。以四乘六。得二十四。一說以大衍之用四十有九。三變歸奇之數。為九為八又為八。相加為二十五。從四十九數減之。得二十四。詳大衍章。六爻百四十四策。二篇三百八十四爻。陰陽各半。祖縣按。陰陽各半。六十四卦之半為三十二。其用詳下表。合萬一千五百二十策。

至期字陸續注云。十二月為一期。陸說是。陸韓之說。指周易而言。然與橫圖對比之相合。因橫圖乾消於坤。坤息於乾。皆成三百六十。其他六十二卦。一消一息。亦皆成三百六十。橫圖以畫。而每畫之陽陰亦可以策數計之。然尚肯定一年之日期。畫而一年之日期。終在三百六十之內。足證橫圖即是歸藏。而連山不過歸藏之加六層。茲立表以明之。

歸藏六畫表

卦別	乾	坤	乾坤合
六畫	216	144	360
五畫	180	120	300
四畫	144	96	236
三畫	108	72	180
二畫	72	48	120
一畫	36	24	60
附說	凡陽爻從乾。乾之四畫即坤之六畫。	凡陰爻從坤。坤之三畫即乾之二畫。	三十二對。皆成三百六十合周天之數。

在歸藏。乾消於坤。六畫為216。坤息於乾。六畫為144。消息合為360。三十二對。皆得360。連山是歸藏之加一倍數。見下表。

連山十二畫表

卦別	乾	坤	乾坤合
十二畫	432	288	720
十一畫	396	264	660
十畫	360	240	600
九畫	324	216	540
八畫	288	192	480
七畫	252	168	420
附說	十畫即歸藏乾坤合。	九畫即歸藏乾之策。	720即歸藏360之倍數。

連山之成因。為歸藏之加六畫。

韓康伯注云。陰陽各半。其說本諸王弼。陰陽各半者。即六十四卦之半。為三十二對。何以不用六十四。而用三十二者因消息之故。用其半始得其全。若用其全則仍是原圓。不消不息。則不得其用。陽消為陰。陰息為陽。即繫辭所謂引而伸之。觸類而長之者是。以三十二乘三百六十。即得一萬一千五百二十。即歸藏之策。亦即繫辭二篇之策。不過周易上下二卦。除乾坤等十六卦外。(乾坤等十六卦見第七章) 其他四十八卦皆非陰陽各半。韓注祇可用於歸藏。而不能用於周易立辭。尚失其本。朱元昇三易備遺。以一萬五千二十為連山之策。更失其本。因誤於算術所致。連山十二畫。由歸藏六十四卦。以一陽一陰遞加而成。以七百二十乘六十四得四萬六千八十。以陰陽各半折半為二萬三千四十。是為連山之策數。朱氏之說。不以數為據。不可從。歸藏連山是不易。不是變易。因无六爻。故不尚變。而卜人輩以不易妄改為變易。失其公式。歸藏是立算之根。由始數以至五乘方。周易是據歸藏六十四卦。加之以綜。以為變易。周易以六字為綜字樞機。六即上下兩卦世爻成六。說在下文第十章論周易卦式。不贅。至連山由歸藏再加六層。由六乘方至十一乘方。江永河洛精蘊卷六理分中末線出河圖中說。亦未能肯定為歸藏連山。致易與算仍然不能一貫。如是則歸藏連山七八不變之說。其理易解。江氏又不知一陰一陽之謂道之道字。實由消息而來。在易為陰陽。和在算為正負之別。

凡百學問。不破則不立。能辯證之則正理始明。不獨治易而已。治先秦諸子亦然。或以左傳國語言歸藏連山有三。以七八不變為占。茲破之。在國語晉語曰。

公子親筮之。曰尚有晉國。得貞屯悔豫。皆八也。

韋昭解云。

內曰貞。外曰悔。震下坎上屯。坤下震上豫。得此兩卦。震在屯為貞。在豫為悔。八謂震兩陰爻在貞在悔皆不動。故曰皆八。謂爻无為也。

此疑後人譌造之歸藏筮法。韋解八謂震兩陰爻在貞在悔皆不動。故曰皆八。句有譌字。宋庠補音。汪遠孫攷異。皆未及之。貞屯䷂震下坎上。悔豫䷏坤下震上。其不變之爻為二。二爻三爻上爻。今悔卦之震由坎動而來。當云兩震陰爻在貞在悔皆不動。故曰皆八。是震兩二字倒文可知。宋庠汪遠孫皆未能訂正。吳曾祺韋解補正云。

案先儒賈鄭相傳之說。周易以變為占。占九六之爻。連山歸藏以不變為占。占七八之爻。此當是以連山歸藏占之。故有皆八之語。

吳說據左傳襄九年穆姜薨於東宮。始往筮之。遇艮之八之正義。徐元誥國語集解引吳說。其實貞屯悔豫之占。究屬歸藏。抑係連山。韋解未分析。細繹辭意。以歸藏為近。總之歸藏連山二易之理。並不在卜筮。而在算術。古人迷信殊深。以為卜筮之用。爾至卜筮在晉國尤甚。春秋左氏傳國語晉語史記晉世家記載至夥。歸藏即橫圖。自乾至坤。是由陽消陰息。乾消至坤。坤息至乾。不過六十四之倍數。百有二十八兩已。後人作歸藏之繇辭。以為周易以變爻為占。乃創歸藏以不變之爻為占。至連山是由一卦變六十四卦。六十四卦變四千九十六卦。皆由變而來。何必再言變。連山之繇辭。有焦氏易林可以擬議。其書較劉炫偽造連山易為早。惟以大衍之數求策。是否十八變或三十六變。或十二變。則不可考。若用十八變則不足。用三十六變手續過煩。而爻變又多。似以十二變為宜。至周易以變為占。元胡一桂啟蒙翼傳以四爻變則以之卦二不變占。五爻變則以之卦不變爻占。與連山歸藏以不變為占占七八之爻相同。江永河洛精蘊卷三變爻占考及占法考。更闡明胡說之旨。程迥古占法以連山歸藏亦變爻占。皆非是。拘泥以三易為卜筮之書所致。在伏羲十言之教。惟提出消息二言。不及卜筮。如是七八不變之說。无關易之弘旨。可不贅。又同篇董因迎公（公即晉文公）於河得泰之八。韋解云。

乾下坤上泰☷☰。遇泰无動爻。无為侯也。泰三至五震為侯。（祖縣按。韋氏以互卦解。）陰爻不動。（祖縣按。陰爻不動。言陽爻皆動。）其數皆八。故得泰之八。與貞屯悔豫皆八義同。

韋氏此解若泛泛讀之。既不能明其義。亦不能明泰☷☰之（之即變）之例。泰之八為坤☷悔卦。坤不動。貞卦乾之坤。泰三至五震為侯。此如上式。易林補遺云。泰之八。下體皆變。宜以貞卦為解。亦云與貞屯悔豫皆八。義固根據上文公子親筮之得貞屯悔豫而言。似亦以歸藏為占。然亦非真理。董因以重耳再將歸。故造此語。以迎合之爾。在左傳襄九年云。

穆姜薨于東宮。始往而筮之。遇艮之八䷳。史曰是謂艮之隨䷐。隨其出也。君必速出。姜曰亡。左氏記載此文。穆姜與筮史立說。自相矛盾。可見卜筮之无憑。信口出之。惟七八之變為此章一重要問題。故再三讀杜預注云。

周禮大卜掌三易。雜用連山歸藏周易。（祖緜按。姚培謙本雜用上有然則二字。）二（祖緜按。姚本二作三說。二字指歸藏連山。）易皆以七八為占。故言遇艮之八。史疑占易八為不利。（祖緜按此句實不合邏輯。遇八亦有利。亦有不利。）故更以周易爻占變爻得隨卦而論之。

杜注不明。歸藏連山之別。出雜用二字。行文則不下然否。若詰杜預。究屬歸藏。究屬連山。恐杜氏亦不能加以然否。惟杜氏不知連山為十二畫卦。與歸藏并為一談。古人常談一卦變六十四卦。六十四卦變四千九十六卦。即是連山之立成。且桓譚新論連山八萬言。與焦氏易林每卦約十六言字數不相上下。亦可作左證。孔穎達疏杜注云。

此筮遇八。謂艮之第二爻不變者是八也。周易以變為占。占九六之爻。連山歸藏。以不變為占。占七八之占。

孔疏對於歸藏連山。亦不能分析。不知連山係十二畫卦。无庸再言七八之變。至於荀爽虞翻程頤惠棟張惠言姚配中諸說。亦无足采擇。

以上所謂不變與變。即是少陽老陽少陰老陰四者。亦即是七九八六（七為少陽，九為老陽，八為少陰，六為老陰。）之數。漢書律歷志未揭數字。少陽等四個名目由大衍之數五十而來。後人以洛書之四象附會之。實非。許慎說文解字云。七陽之正也。九陽之變也。六易之數。陰變於六。正於八。實係確解。治許學者。淺者泛泛讀過。深者欲解析其義。比自未明其與。不知許據大衍之數歸奇立說。惜未明白揭出。昔人以歸藏連山以七八不變為占。殊不知歸藏祇有六畫。連山祇有十二畫。並无爻變。萬不能以變字加於歸藏連山。

連山繇辭為卜筮之用。細細考之。為夏啟所造。疑是桓譚所見八萬言藏於蘭臺者。漢書藝文志未載。似在古易八十篇之中。羅泌路史前紀九禪通紀有巢氏文中。引連山文三。以乾坤之變十二辟卦立說。第一引易中姤初六。羅氏下列三者皆舉變立說。此云初六是周易爻辭。如以連山七八不變。當云初八。不當云初六。是與周易并為一談。黃佐（明廣東香山人）六藝流別作中孚。以易中姤為中孚。焉國翰從之。羅云易中乃易中之一卦。與中孚全不相涉。且中孚不是辟卦。殊謬。第二引復之初爻曰初七。第三引剝之上爻。似羅氏所說。猶見連山繇辭之古本。惟不知連山十二畫之卦。而黃佐又以一人知女。尚可以去。以為中孚之初八。實誤讀羅氏原文。而未辨別所致。

連山歸藏占七八不變。其說始於鄭玄注乾鑿度。繼之者為韋昭、杜預、孔穎達。入宋有沈括、（說見夢溪筆談七。又續筆談二。）李剛（梁溪易傳）鄭鍔（著周禮解義。書佚。毛應龍周官集傳采鍔義尤多。見四庫本。）鄭東卿、（上已出）李石（方舟易傳。）吳萊（元人。見淵穎集。）諸說。以沈括說可佚。參考餘說皆膚。惟云連山歸藏以七八不變爲占。皆同陳祥道禮書。引陸佃禮象云。（禮象今佚。禮書引之甚多。）

　　連山易。長安人家有之。其卦皆縱。

是陸氏猶及見連山之圖。其卦皆縱。雖不言層次。與一卦變六十四之說合。猶言基本爲六十四卦。又以一陽一陰遞加之。至十二層爲四千九十六卦。又推而上之。即爲无終極之乘方。昔　先子在粵謁陳蘭泉先生澧。言及連山。　先子曰。連山從歸藏一陽一陰遞加而來。如皇甫士安（即謐字。）邵子（即邵雍）皆以三統術立說。先生邃三統術者。盍不以三統術推之。識其然否。先生曰。當推求之。未幾去世。不知陳先生有歸藏連山說否。此言連山歸藏七八不變。其說不能成立。爲第三事。

四、三易求策之數。言人人殊。惟雷思齊（元人。著易筮通變。四庫本。又道藏太玄部若字號內本。）云。

　　連山歸藏之易。其筮法同。而繇辭異也。

雷說近是。王萬鐘（清人。著三易圖說。）治三易。其書雖不足觀。卷末附大衍質疑一文。以爲當以大衍求策。說可采取。鄭樵通志藝文畧。以爲連山用三十六策。歸藏用十五策。周易四十九策。策數異而理則一。鄭氏所謂三十六策、十五策。不知根據何人之說。而與吳萊（見上）連山三十有六。歸藏四十有六。易則四十有九。而歸藏策數又與鄭氏異。王繩祖（清人。著歸藏易占。）云。歸藏用三十六策者。極太陰也。其策數亦與鄭氏異。此種盲說。不一而足。其實三十六策。乃太玄策數。非三易策數。朱元昇（朱氏見上）三易備遺云。

連山二篇。自復至乾爲陽儀。自姤至坤爲陰儀。其策萬有一千五百二十。繫辭二篇之策。（祖縣按：馬國翰玉函山房輯佚書。改策爲末。大謬特謬。自邵雍以乾坤爲大天地。姤復爲小天地。治易生出無窮之障礙。不知此即橫圖之卦。乾坤大天地。是乾至坤六十四卦。故以大天地目之。在兩儀之位。復姤比連。復盡於陽儀。姤盡在陰儀。兩儀分界。故以小天地目之。邵說殊非。）萬有一千五百二十。舉連山策言之也。萬有一千五百二十。歸藏周易數同。惟立算之根異。而朱元昇以爲連山之策。治易者驚爲創見。其實朱說亦謬。以三易所用之策數同。以爲連山。更屬臆說。易與數通。班固漢書五行志。劉歆說云。

河圖雒書。相爲經緯。八卦九章。相爲表裏。

又云。

虙羲氏繼天而王。受河圖則而畫之。八卦是也。禹治洪水。賜雒書法而陳之。洪範是也。（王充論衡正說篇文畧同。）

七句言三易之大綱。後之解者。都未能從三易的規律認識策數。茲詳釋劉歆說如下。

甲、河圖就是歸藏章所列第一圖第四層的八卦。如乾居第一位。兌居第二位。離居第三位。震居第四位。巽居第五位。坎居第六位。艮居第七位。坤居第八位。依次讀之爲乾一兌二離三震四巽五坎六艮七坤八。其次第與八宮皆合。即是河圖之位。上文已屢言之。因見治易者。動輒錯誤。或嫌其淺而不治。故再三瀆之。此由一陽一陰遞生而來。八卦即是河圖。若以兩個名詞當作兩事則大謬。劉云受河圖則而畫之八卦是也。說得明白如畫。可證三易之策數相同。

乙、洛書不像河圖的簡單。乃由生成而來。在先秦諸子如管子呂氏春秋。提出生成者頗多。讀時當特別注意。生成於五數之作用。漢書五行志引鄭箴膏肓曰。妃以五成者是。本左傳昭九年文。揚雄太玄經玄圖云。

一與六共宗。一加五為六。六減五為一。二與七共朋。二加五為七。七減五為二。三與八成友。三加五為八。八減五為三。四與九同道。四加五為九。九減五為四。五與五相守。

鄭玄注大衍之數五十其用四十有九。與揚雄相同。惟地十成土於中。與天五并與揚雄五與五相守異。劉歆言河圖洛書相為經緯。深知易者。方能道及經緯二字。確能解釋橫圖之次第。所謂經。即橫圖八卦一層。乾一兌二離三震四巽五坎六艮七坤八之位。是為三畫卦。在十六卦層內以一陽一陰遞加之得二個乾一兌二等之位。在三十二卦層內以一陽一陰遞加之得四個乾一兌二等之位。在六十四卦層內以一陽一陰遞加之得八個乾一兌二等之位。此即歸藏之位。是為六畫卦。至連山由歸藏一陽一陰遞加至十二畫。其級數一二八是二個六十四卦。二五六是四個六十四卦。五一二是八個六十四卦。一〇二四是十六個六十四卦。二〇四八是三十二個六十四卦。四〇九六是六十四個六十四卦。此即連山之位。是為十二畫卦。其十二個級數。不能逾越乾一兌二離三震四巽五坎六艮七坤八之範圍。劉歆以經字出之。別具卓見。歆傳所謂不考情實雷同相從。隨聲是非。對於經生之錮痛乎言之。下此經字。足以去此三弊。因歸藏六畫之卦。連山十二畫之卦。皆由橫圖第四層八卦乾一兌二離三震四巽五坎六艮七坤八而來。上溯之連山十二畫之四千九十六卦。一絲不亂。此即是經。與陸佃所見連山易。其卦皆縱相合。

至於緯經。是河圖。緯是洛書。兩者相與而成。故以生成兩字出之。生者其數為一二三四。成者其數為六七八九。生數成數。以五為斡旋。五猶布機之杼。非五即无生數成數。近人於易之論文。對于五字不加切實立說。妄以天數五地數五之五字。作五行解。大失五字之本義。如上所引楊雄太玄經說。即可釋明五字之理。有一定之公式。五字之重要。為數之關鍵。惟算之根。古人誤讀洪範。一曰水。二曰火之次第。誤以一二等字為數。致月令素問。有關民生切用之典籍。完全錯誤。至五字之真理。說詳下九宮章。

緯。說文。織橫絲也。從曰經。經在軸。緯在杼。以字義證之。經即橫圖。緯即五字為橫圖之交錯。經在橫圖中顯。緯在橫圖中隱。隱以致用。其理在生成。如橫圖乾一坎六即一與六共宗。兌二艮七即二與七共朋。離三坤八。即三與八成友。皆以五之加減為樞杻。至四與九同道。在橫圖中九雖无位。而四與五相加。即得九之生數。若九與四或九與五相減。即得四五兩位。與橫圖乾一與坤八合九。兌二與艮七合九。離三與坎六合九者異。四九同道者。即震四巽五相互之數。因五極中。震巽二位。震實而巽虛。即震四加巽五為九。即為四與九同道。說詳 先子周易示究錄中編。八論生成之數。九論既知生成之數可知後天之數本出先天兩章。由此推劉歆所謂河圖雒書。相為經緯。將四象生八卦。在橫圖玩之自明。至八卦九章。相為表裏。二者无非是數。此數字是一二三四五六七八九之數。係實數。非幻數。如閼朗邵雍之言數則非正宗。

丙、劉歆所謂禹治洪水。賜雒書。法而陳之。洪範是也。雒書與洪範。是同源而異流。雒書是固定的。洪範是流轉的。法而陳之。言以雒書求洪範流轉之式。陳即陣字。六韜三陳篇。有天陳地陳人陳。所謂陳者。皆有一定公式。可以排列。如繫辭九德。後人謂之九德三陳。陳即俗陣字。

上三則。解釋劉歆之說。在歆本傳。謂漢興之初。天下唯有易卜。未有它書。今五行志所載歆之易說。雖未提及周易。然歆於易有能得其真。述諸經亦多創見。惜為諸儒所訕。當不以人廢言。或以惠棟著易漢學。獨於歆說不著一字。惠氏在易漢學卷二九月卦氣引五行志。並及劉向之說。不引歆語。著圖卷八辨河圖洛書文。中有云自漢以來。並未有圖書之象。故不引歆說。以文過爾。祖綿按。易漢學卷五。京氏占風雨寒溫引論衡寒溫篇。而不引述說篇。遣意同。至朱元昇以爲有萬一千五百二十之策為連山。亦非。連山為十二畫卦。其策數為二萬有三千四十。朱氏僅推十一層。未推至十二層。此言求策之數。三易各別。而用策之數四十有九。則三易相同。此為第四事。

五、連山是十二畫卦。不是六畫卦。郝敬明人。著周易正解及易領。云。

連山六畫艮卦。艮為山。上下兩艮。故曰連山。

郝說。以連山為六畫卦。與朱元昇說同。朱氏以消息增改為長分消翕。非。當朱說云。

長分消翕者。連山易。至精至變至神之理寓焉。乾與坤對。乾之長即坤之消。乾之分即坤之翕。坤之長。即乾之消。坤之分。即乾之翕。兌與艮對。離與坎對。震與巽對。餘五十六卦。兩兩相對。長分消翕。悉準八卦。

朱說。兩兩相對。就是一陰一陽。而成橫圖。即為歸藏。復由歸藏一陽一陰遞加至十二畫。即為連山。朱文雖提出連山易三字。仍以六十四卦為連山。而不知連山之卦。為四千九十四。此朱氏之失孜。孔穎達正義周易雜卦引虞翻說云。

雜卦者。雜六十四卦以為義。其於序卦之外別言也。昔（一本作此非。）者聖人之興。因時而作。隨其時。（一本作事非。）宜不必皆相因襲。當有損益之意也。故歸藏名卦之次。亦多異於時。

孔疏引可證。虞氏猶及見歸藏之卦。與周易不同。蔣珣（清人。著易義无忘錄三卷。）上卷論卦變。下卷論連山歸藏。雖不能作肯定之學說。而亦有可采者。茲節錄之。

陽大陰小。以往來判否泰。剛尊柔卑。以上下分損益。則又有卦變之說焉。（原注。虞仲翔有古卦變圖。李挺之傳自希夷有卦變反對圖。又有六十四卦相生圖。一卦變六十四。原法焦氏變法以乾坤屯蒙為次。朱子以爻變多寡為序。即以乾所變之次為六十四相承之序。法比焦氏尤密。祖棣按焦贛易林次序錯譌說見上。朱熹說亦譌。江永正之。亦非。余乃作卦變攷。載下十六章。見虞氏易平議。六十四卦變四千九十六。原注、一變二、二變四、每加一倍、至十二變、即此數也。在揲法六變成初二兩爻。十二變成三四兩爻。祖緜按、此即連山易之卦數。蔣氏不知、以周易十有八變而成易解之。殊非。如蔣氏之說。則與歸藏連山相違。四千九十六卦變二十六萬二千一百四十四。原注、十八變成五上兩爻、倍積之數、即十八畫而成章之數也。祖緜按、此二十六萬二千一百四十四、可由一陽一陰遞加得之。非由周易揲法得之。如以變求此數。則有九六之變。蓋自先天圓圖。原注、復至乾、姤至坤、皆順先天八卦之次布之。祖緜按、以橫圖求之。反覺簡便。蔣氏云皆順。語病。因有順有逆。再加兩倍。原注、即十八畫也。皆以初成復上加坤。乾上加姤。姤上加復。坤上加乾。左右順逆。一反復耳。而積漸而合。纖忽不亂。非有損益於其間者。

蔣說不能分析三易之大別。以周易十八變來附會為歸藏連山之卦。則與連山歸藏立成全違。下卷論連山歸藏皆前人陳說。惟此節對朱熹無終極之說。實可結合。雖瑜瑕互見。是亦可采之說。

江永河洛精蘊卷六外篇。乘方法合畫卦加倍法圖。是言歸藏已載入歸藏篇內。至六乘方至十一乘方圖。其數與連山合。而桓譚謂連山八萬言。與焦贛易林言數不相上下。是焦氏仿夏人所作連山而為之。

昔黃宗炎有以為即古昔之方冊。其說云。

桓譚謂連山八萬言。歸藏四千三百言。是殷書與周易等。夏之文字幾二十倍於文王周公之辭。豈古昔之方冊乎。為此說者。亦不明古今之通義矣。

豈古昔之方冊乎一句。黃氏之說。不為无見。蓋夏啟欲家天下。造作連山繇。以惑世人。羅泌路史已言之。蓋啟以四千九十六卦。卦卦作一繇辭。誦其家世之功德。為家天下之張本爾。如史記夏本紀司馬貞索隱引連山易云。

鯀封於崇。路史十二引同。

酈道元水經注卷三十淮水注引連山易云。

有崇伯鯀。伏于羽山之野。

太平御覽一三五禹妃皇甫謐帝王世紀引連山易云。

禹娶塗山之子名曰攸女生啟。

以上三則。明明指出連山易與黃宗炎所謂古昔之方冊之說合。惟連山係以一陽一陰遞加橫圖為之。亦以消息二言包括之。與歸藏同。故連山亦不亡。後世如蕭繹連山三十卷。劉炫偽造之連山。司馬膺所注之連山十卷。究與連山消息二言之旨不合。如毛漸所得之三墳。宋人。元豐中使西京。漸自云。得諸南陽旅次。漸為之序。謂三墳首列三墳。謂連山之易。伏羲所作。其象有崇山君伏山臣列山民兼山物潛山陰連山陽藏山兵疊山象之類。又謂天皇始畫八卦。連山名易。君臣民物陰陽兵象。始明於世。三墳之名。始見於左傳昭十二年。三墳並不是三易。毛氏之說。未免荒誕。朱彝尊經義考已斥其非。

更有本非連山之說。而後人以為連山之說者。如左傳閔二年。

同復于父。敬如君所。

杜預注云。

筮者之辭也。

合之文義。實係筮者之辭無疑。而程迥古占法云。

此固二易之辭也。

程氏舍杜注而創異義。此種惡習。爲文士所恒見。又左傳僖十五年。

千乘三去。三去之餘。獲其雄狐。

孔穎達正義云。

雜辭不出周易。无可據而推求。

杜云。卜筮書雜辭。在漢書藝文志蓍龜類十五家四百一卷。有蓍書。二十八卷。周易。三十八卷。周易明堂。二十六卷。周易隨曲射匿。五十卷。大次雜易。三十卷。於陵欽易吉凶。二十三卷。任良易旗。七十一卷。占二百五十六卷之多。杜氏所謂卜筮書雜辭。魏晉之間。其書尚有行於世者。又左傳成十六年。

南國蹙。射其元。王中厥目。

杜預注云。

此卜者之辭也。

杜氏此注。與同復于父敬如君所同。顧炎武日知錄六卷云。

左傳僖十五年戰於韓。卜徒父筮之曰。吉其卦遇蠱曰千乘三去三去之餘獲其雄狐成十六年戰于鄢陵。公筮之史曰吉其卦遇復曰南國蹙射其元王中厥目此皆不用周易。而別有引據之辭。即所謂三易之法也。原注。卜徒父以卜人而掌此猶周官之太卜。而傳不言易。

祖縣按。杜已云雜辭。不是連山歸藏。

顧云三易係武斷。似顧氏以杜注為非。而文中未及之總之連山出於歸藏。朱熹謂五乘方以後。加至十一乘方。得四千九十六卦。適合連山之數。茲舉江永推算之圖於下。

江永六乘方至十一乘方圖

（河洛精蘊卷六外篇）

六乘方	一	七	二十一	三十五	三十五	二十一	七	一	七畫					
七乘方	一	八	二十八	五十六	七十	五十六	二十八	八	一	八畫				
八乘方	一	九	三十六	八十四	百二十六	百二十六	八十四	三十六	九	一	九畫			
九乘方	一	一十	四十五	一百二十	二百一十	二百五十二	二百一十	一百二十	四十五	一十	一	十畫		
十乘方	一	一十一	五十五	一百六十五	三百三十	四百六十二	四百六十二	三百三十	一百六十五	五十五	一十一	一	十一畫	
十一乘方	一	一十二	六十六	二百二十	四百九十五	七百九十二	九百二十四	七百九十二	四百九十五	二百二十	六十六	一十二	一	十二畫

江永推算此圖。致力至殫。惜於乘方法合畫卦加倍法一圖。為歸藏卦序。（圖載上章論歸藏。）此圖為連山卦序。與周易并為一談。囿於舊說所致。江氏對此圖說明云。

六畫卦既成之後。（祖緜按。江氏指歸藏橫圖。）引而伸之。觸類而長之。一卦可變六十四卦。凡四千九十六卦。（祖緜按江氏不知四千九十六即是連山。故立說殊游移。）而乘方之理。亦接前圖。（祖緜按。此即連山出於歸藏。江氏知其所以然。而不知當然。故立說膚泛如此。）六乘方至十二乘方。如卦之七畫。加至十二畫。（祖緜按十二畫即連山之卦。江氏不敢肯定失諸。）其陰陽之錯綜。（祖緜按。錯綜二字。用於周易則可。至歸藏與連山二易。祇有錯而无綜。兩者各不相侔。治易當細辨之。）亦如中間廉數。合方廉隅之數。亦適合四千九十六也。

清代治漢學吳派皖派。各樹一幟。吳派浮而皖實。但江氏如此立說。對於三易。亦多浮辭。江氏六乘方至十一乘方圖。實係代數之系數。對於連山有所闡明。奈始終吞吐其辭。若人不明此圖之用。反使三易上生一障礙。苟能肯定為連山之用。乃有序可循。此六乘方為七畫之卦。即六十四卦上加一陽一陰。如六乘方之數一二八。即六十四卦加一倍數。順讀之。仍以一陽一陰相加。

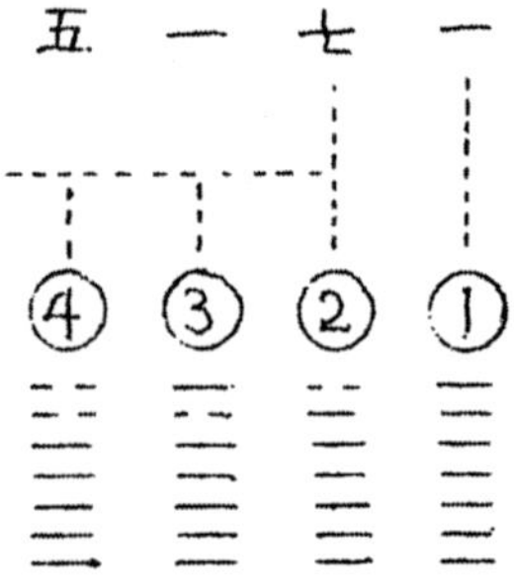

① 乾上加一陽。去初畫成乾。

② 乾上加一陰。去初畫成夬。

③ 夬上加一陽。去初畫成大有。

④ 夬上加一陰。去初畫成大壯。

三十五	⑤	大有上加一陽。去初畫成小畜。
二十一	⑥	大有上加一陰。去初畫成需。
七	⑦	大壯上加一陽。去初畫成大畜。
一	⑧	大壯上加一陰。去初畫成泰。

七畫卦

二十一以下。以一陽一陰。逐一推之皆同。茲復推逆數。其立成出於一陰一陽。讀者要認清此一陰一陽。乃是逆數的排法。與一陰一陽之謂道絕對不同。仍舉上圖。

六乘方。一二八即六十四卦加一倍數。逆讀之。

一	(121)	觀上加一陽。去初畫成否。
七	(122)	觀上加一陰。去初畫成萃。
二十一	(123)	比上加一陽。去初畫成晉。
三十五	(124)	比上加一陰。去初畫成豫。
三十五	(125)	剝上加一陽。去初畫成觀。
二十一	(126)	剝上加一陰。去初畫成比。

七 (127) 坤上加一陽。去初畫成剝。

一 (128) 坤上加一陰。去初畫成坤。

七畫卦

二十一以上。以一陽一陰。或一陰一陽。順逆推之。即得六十四卦。加一倍數為一百二十八之卦。說詳下乘方法合橫圖文中。

上列兩式。即為伏羲十言之教中消息二言之明證。江永謂其陰陽之錯綜。殊謬。以公式證之皆是錯。不是綜。而江氏以周易之綜來解歸藏連山則失其旨。如上式。

乾坤錯。夬剝錯。大有比錯。大壯觀錯。小畜豫錯。需晉錯。大畜萃錯。泰否錯。

推之連山四千九十六卦。皆是錯而无綜。江氏以周易并二易為一談。非是。人謂皖派長於分析條理。而裁斷嚴密。惟對於易未能博覽而探賾索隱。亦嫌不足。然較惠氏已勝一籌。歸藏不亡。連山亦不亡。二易何以不亡。因有消息二言在。而世人以為桓譚所舉八萬言。不知此八萬言係繇辭。桓氏僅舉當時所見之言數及所藏之地。而未言其書之然否。後人在類書中所錄桓氏之說。亦未能盡其蘊。

古人言連山者。較歸藏更為庞雜。今辨之如下。

一、首艮之說。創之皇甫謐。竊取鄭玄淳于俊連山似山出內氣也一說。淳于俊說與鄭玄相似。以其卦以純艮為山。山上山下。是名連山。余推首艮之說。終不能得其根。此皇甫氏譌讀鄭與淳于之說。實不足從。如是則三統建寅之月。亦不可從。

二.陽豫游徙二者。後人以為連山卦名。陽豫見春秋演孔圖孔子成春秋卜之得陽豫之卦。賈公儀禮疏。徐彥公羊傳疏。路史後紀三注引。游徙見史記秦始皇三十六年。得鎬池君璧。始皇卜之卦得游徙吉。遷北河榆中三萬家。正義曰言從三萬家以應卜卦游徙吉也。蔣珣疑為旅。與正義違。余以為陽豫游徙。皆龜卜之名詞。與連山異。

三.李淳風乙巳占卷一。姮娥奔月。枚筮於有黃。馬國翰玉函山房輯連山引。云連山易。惟李氏原文。未言引連山。

四.大戴禮易本命與孔子家語執轡篇文義相似。家語作子夏曰商聞山書曰。地東西為緯。南北為經。山為積德。川為積刑。高者為生。下者為死。丘陵為牡。谿谷為牝等句。大戴禮無子夏曰商聞山書曰八言。作一凡字。山書是否連山。不可考。義則言易。故及之。

其他說連山之可采者。似不免遺漏。自知學術與年日退。記憶日衰。舊書遭寇。所存者不過十之一二。乞高明教之。

三.乘方法合橫圖說

朱熹本義所列橫圖。後世宗之。朱氏又作啟蒙二卷。以引申橫圖之義。李光地總裁周易折中。為清代御纂書籍。誰敢下一否字。至清社覆亡。杭辛齋首先痛揭折中之非。在學易筆談卷一。俗義詁經之流弊一則內。有云折中言易。為專制帝王之護符。其說至確。惟二十一卷啟蒙附論。於易實有所發明。余謂折中一書。惟此篇當著錄。而杭氏竟不提及。何故耶。細繹二十一卷全文。可決定李光地無此卓見。因李氏平日作風。是逢君之惡者。惟校對諸人中。如何國宗、梅瑴成、王蘭生、胡熊、詒陳萬策等。在康熙中。皆疇人子弟之尤者。雖未能盡易之縕。已能舉其大概。使人知易即是數。兩者相連繫。惜何梅諸人。於三易之大別。咸未能分析。是其所短。然較之稅與、權易學啟蒙小傳。胡方平啟蒙通釋。已覺切實。至近人文士推重之吳汝綸纂錄中兩漢易義攷。（桐城吳先生日記卷十五。）馬其、昶周易費氏學二書。吳書可作類書讀之。馬則語涉玄虛。

(一) 以乘方求康表推之數。根一。方根二。平方四。立方八。（即八卦。）三乘方十六。（從四象起讀之。得兩個八卦。）四乘方三十二。（從八卦起讀之。得四個八卦。）五乘方六十四。（從三乘方起讀之。得八個八卦。）七數相加。（七數即數根一、至五乘方六十四。是七個級數。）得一百二十七。為太極兩儀四象八卦十六畫卦（即兩個八卦。）三十二畫卦。六十四卦相加之數。

(二). 江永河洛精蘊卷六。乘方法畫卦加倍法。以數根一象太極。方根二象兩儀。平方象四象。立方象八卦。三乘方十六象四畫卦。（乾至坤、得十六卦。即兩個八卦。）四乘方三十二象五畫卦。（乾至坤得三十二卦。即四個八卦、）五乘方六十四。象。六畫卦。乾至坤六十四卦即八個八卦。是為歸藏。倍之又倍至十一乘方為十二畫卦。得四千九十六卦。即為六十四卦自乘之數。是為連山。然以代數11次冪推之實無終極。

(三)、繫辭曰。乾之策。荀爽本策作冊。二百一十有六。坤之策一百四十四。二篇之策。荀爽本作冊。萬有一千五百二十。荀爽注乾之冊二百一十有六云。

陽爻之冊。三十有六。乾六爻皆陽。三六一百八十。六六三十六。合二百一十有六也。陽爻九。合四時。四九三十六。是其義也。

荀爽注坤之冊百四十有四云。

陰爻之冊。二十有四。坤六爻皆陰。二六一百二十。四六二十四。合一百四十有四也。陰爻六。合二十四氣。四六二百四十也。按二百四十譌。當作百四十有四。

荀爽此兩注。指周易而言。惟亦可通於二易。祖緜按二易即歸藏連山。韓康伯注云。

陽爻六。一爻三十六策。六爻二百一十六策。陰爻六。一爻二十四策。六爻百四十四策。

韓氏此注。較荀注簡而明。而治漢學者必宗荀而鄙韓。余嘗與章太炎論魏晉人治學。亦有可取。太炎以為然。余又謂吳派如惠氏。不是翼經。是論經。太炎初聞余言。以為過激。未幾見 先子所著易漢學正誤。中華書局印行。中國語文學研究。以余言為然。乃采納之。孔穎達正義引伸韓康伯之說。乃云，乾之策二百一十有六。若以乾老陽一爻。（祖緜按。橫圖乾爲太陽、不曰老陽。坤爲太陰。不曰老陰。老陽老陰指變言。）有三十六策。（祖緜按。大衍之數五十。其用四十九。至三十六策。二十八策。二十四策。三十二策。乃四十九數所揲得之策。說詳下章大衍義證。）六爻凡有二百一十六策也。乾之少陽一爻有二十八策。六爻則有一百六十八策。此經據老陽之策也。（祖緜按。孔氏於此言老陽。不論。下坤言老陰亦不論。）坤之策百四十有四。若坤之老陰一爻有二十四策。（祖緜按。老陰未然。說見上老陽。）六爻故一百四十有四策也。若坤之少陰一爻有三十二。六爻則有一百九十二。此經據坤之老陰。故百四十有四也。

孔氏此說。已將橫圖中之四象立說。詳盡至對於歸藏連山。是由象求策立說。尚非本原。歸藏連山之立成。不必揲蓍。皆由一陽一陰挨排得之。再以消息一陰陽在歸藏合成三百六十策。在連山合成七百二十策。不必由分二掛一揲四歸奇得之。孔云老陽二百一十六策與坤之老陰百四十有四策。兩數相加爲三百六十策。以乾之少陽一百六十八策與坤之少陰一百九十二策相加。亦爲三百六十策。孔氏正義分九六變與七八不變立說。九六指周易尚變言。七八指歸藏連山以七八爲占指不變言。雖孔氏未明言之。但指出九六與七八。已分別三易之不同。又二篇之策。侯果云。

二篇謂上下經也。共六十四卦。合三百八十四爻。陰陽各半。則陽爻一百九十二。每爻三十六冊。合六千九百一十二冊。陰爻亦一百九十二。每爻二十四冊。合四千六百八冊。則二篇之冊。合萬一千五百二十冊。當萬物之數也。

孔穎達正義。說與侯果同。惟二篇之策。乃周易之策。非歸藏連山之策。後世治易皆未能明三易之策數。混為一談。致歸藏與連山七八不變。程迥亦謂以為變。殊舛大義。吾鄉曹金籀書續篇有七八九六解一文。全文六九合十五。七八亦合十五。兩語可采。餘欠切實。

歸藏與連山。（指連山在六畫卦時。）以七八不變。凡卦皆六十四。每卦六爻。合三百八十四爻。陰陽各半。陽爻一百九十二。以每爻二十八策。（四七為二十八。）合五千三百七十六策。陰爻亦一百九十二。以每爻三十二策。（四八為三十二。）合六千一百四十四策。則六十四卦之策。亦合萬一千五百二十。與周易之策數同。何以策數相同。因九六相加與七八相加。皆為十五之所致。繫辭所謂二篇之策。是為周易之策。昔賢之注解已明。朱元昇三易備遺以萬一千五百二十為連山策數。數雖合。惜未加辨析。此古人疏於算術所致。當云七（即二十八）、八（即三十二）。合數之為萬一千五百二十。即為歸藏連山（七畫以上另推）之策數。又周易之成卦。由十有八變而成。變即為策之所繫。六十四卦。凡一千一百五十二變。即萬一千五百二十的十分之一。此萬有一千五百二十。用於周易之大要。在歸藏連山以七八為占。亦為萬有一千五百二十。至連山增至十二畫。為卦四千九十六。即六十四卦自乘之數。茲以四千九十六卦。分陰分陽。（即四千九十六卦折半數。）得二千四十八。以乾之少陽。一爻有二十八策。二千四十八卦。得五萬七千三百八十四策。以坤之少陰。一爻有三十二策。二千四十八卦。得六萬五千五百三十六策。少陽與少陰策數相加。得十二萬二千八百八十，為連山之策數。以二十八(即少陽數四七二十八)與三十二(即少陰數四八三十二)相加。得六十除之。得二千四十八卦。三易之分別如此。

(四). 將乘方表細讀之。無非一奇一耦之作用。自數根至五乘方為歸藏六十四卦。又由六乘方至十二乘方。為連山四千九十六卦。朱熹啟蒙四象生八卦。已發明十二畫上又生一奇一耦。累至二十四畫。則成千六百七十七萬七千二百一十六變。(朱熹下一變字，殊謬，當云策字，作變者，涉周易而謬。)以四千九十六自乘。其數亦合。朱熹雖有此說。從未有人研幾及之。而表中引而伸之。數根一。方根一為二。平方中廉二。(是兩個一。)立方(三三)為六。三乘方中廉六(是兩個三)。四乘方(十十)為二十。五乘方中廉二十(是兩個十)。六乘方(三十五 三十五)為七十。七乘方中廉七十(是兩個三十五)。八乘方中廉(一百二十六 一百二十六)為二百五十二。九乘方中廉為二百五十二(是兩個一百二十六)。十乘方中廉(四百六十二 四百六十二)為九百二十四。十一乘方中廉為九百二十四(是兩個四百六十二)。以數根至十一乘方十三級相加。為二千五百四十九。

(五). 根據第二則從數根一至十一乘方所得四千九十六卦。減去第四則所得數根方根中廉數二千五百四十九。得一千五百四十七。以連山卦畫數十二乘之。得萬有八千五百六十四。折半為九千二百八十二(即歸藏之數)。在啟蒙附論第十九頁。寫形為算法之原圖中其級數為一、三、五、七、九、十一、十三、十五、十七。首一而尾十七。為十八。以第一則七數相加。得一百二十七與十八相因(因令作乘)得二二千二百八十六。與九千二百八十二相加。得萬有一千五百六十八。在周易以十有八變而成易。以一因一百二十七。得數亦同。

太極　一　數根

兩儀　一陰　一陽　方根

四象　一陰　二少陽少陰　一陽　平方

八卦　一坤　三艮坎巽　三震離兌　一乾　立方

四畫　一坤　四艮坎巽震　六離兌乾坤艮坎　四巽震離兌　一乾　三乘方

五畫卦　一　五　十　十　五　一　四乘方

六畫卦　一方　六廉　十五廉　二十廉　十五廉　六廉　一陽　五乘方

(六)以以上第四則萬有一千五百六十八。減二篇之策萬有一千五百二十。二篇之策是言周易。歸藏連山以一陽一陰出之。與周易實不相同。餘四十八策。此四十八策即揲蓍四十九策除掛一策之數。此言成卦之理。策數相合。說詳下大衍章。如上圖。四四與十十及二十。即是四十八數。上圖數學四四即為八卦。又二三三亦為八卦。平方至五乘方其等次為五。而六領之者。即繫辭下所謂周流六虛。又所謂兼三才而兩之故六。六者非它也。三才之道也。歸藏連山是錯周易有錯有綜。惟世位上下兩卦皆六。在周易。

六自乘之積為三十六。即為陽爻之策。四六相乘之積為二十四。即為陰爻之策。此策與卦變相通。
由爻生卦。故數在卦後。茲列圖如上。
上圖（見前頁）四乘方為五畫卦。從八卦至五畫卦。為四個八卦。至六畫卦即六十四卦見橫圖。

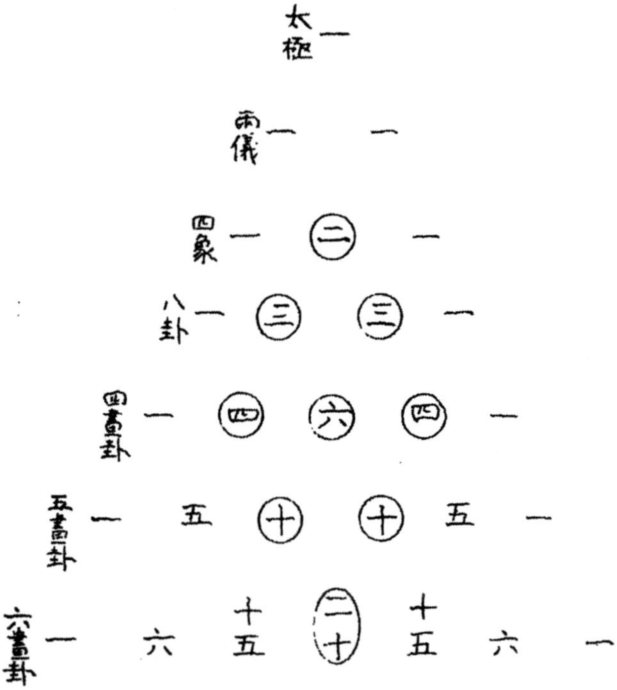

如圖

一、四象層內之二與八卦層內之三。三。合成八卦。（2+3+3=8）

二、四象層內之二與四畫卦層內之六。合成八卦。（2+6=8）

又四畫卦層內之四。四。合成八卦。（4+4=8）。

又四象層內之二與四畫卦層內之六。四。四。合成兩個八卦。（2+6+4+4=16）。

三、四畫卦層內之六與五畫卦層內之十。十。合成四個八卦。（6+10=16）（6+10=16）。

四畫卦層內之四。與六畫卦層內之二十。㊃㊃(二十)合成六個八卦。(4+20=24)(4+20=24)。其說出於勾股。沈善登以禹治水立說。但勾股之發明在禹之前。說者謂四象尚未成卦。不當以㊁為用。因此言卦變之例。變而通之自得。因㊁為文。陰一陽一可變通各卦。繫辭云。文有等故曰物。物相雜。故曰文。又繫辭云。錯綜其數。此之謂也。

(六). 五乘方之積。即為六十四卦。由一陽一陰加倍數而成。易作一陰一陽。從坤卦起讀。乃是消息之理。亦即正負。如橫圖陽隅為乾。陰方為坤。

一陽
六廉
十五
二十
十五
六廉
一方

此即六十四卦

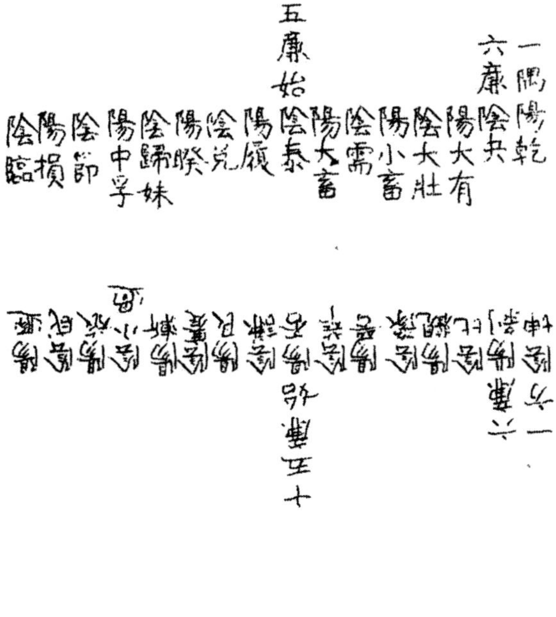

陽同人
陰革
陽離
陰豐
陽家人
十五廉終
陰既濟
二十廉半
陽賁
陰明夷
陽无妄
陰隨
陽噬嗑
陰震
陽益
陰屯
陽頤
陰復

陰師
陽蒙
陰坎
陽渙
陰解
十五廉終
陽未濟
陰困
陽訟
陰升
陽蠱
陰井
陽巽
陰恒
陽鼎
陰大過
陽姤
十二廉半

橫圖六十四卦所謂陰陽並不是陰卦稱為陰，陽卦稱為陽，以上爻之陰陽卦畫而定。學者以陰卦陽卦分類，又有以五乘方的排列分陰分陽作如下解者，皆謬。

(一) 陽陽
(六) 五陽一陰
(十五) 四陽二陰
(二十) 三陰三陽
(十五) 四陰二陽
(六) 五陰一陽
(一) 陰方

其說由卦變而來。在周易。五陽一陰之卦六。如姤（乾初爻變）同人（乾二爻變）履（乾三爻變）小畜（乾四爻變）大有（乾五爻變）夬。（乾上九變。）其位亦32.16.8.4.2.1。惟不尚消息。五陰一陽之卦。如復（坤初爻變）師（坤二爻變）謙（坤三爻變）豫（坤四爻變）比（坤五爻變）剝。（坤上六變）實為乾坤兩卦之之變。與歸藏連山實不相涉。四陽二陰之卦十五。大壯、需、大畜、兌、睽、中孚、革、離、家人、无妄、大過、鼎、巽、訟、遯。四陰二陽之卦十五。觀、晉、萃、艮、蹇、小過、蒙、坎、解、升、頤、屯、震、明夷、臨。三陰三陽凡二十。泰、歸妹、節、損、豐、既濟、賁、隨、噬嗑、益、否、漸、旅、咸、未濟、困、蠱、井、恒、為周易之變之用。若執卦變求之義亦難通。

(七)．歸藏之易。起於太極兩儀四象八卦。因而重之。由一陽一陰遞加至六畫。即為六十四卦。淮南子要略訓云。

　八卦可以識吉凶。然而伏羲為之六十四變。

是為伏羲重卦之鐵證。所謂歸藏者。由乾始迄坤終。絲毫不亂。說卦傳所云。坤以藏之。是言終於坤。故曰歸藏。其後人事日繁。人智日開。復由一陽一陰推之十二畫。謂之連山。疑是古時大作計地勢之高低。人工之多少。是一種有統計的冊子。較之結繩為便利。名曰連山。取不斷續之義。今日店鋪流水冊子，流水二字。義與連山相似。首艮之說。因後人不知連山之義。以八卦中艮為山。由山字望文生義。但无推排之可能。開方表十一乘方之率。一卦變六十四卦，如山之連綿不絕而已。首艮之說。无稽。後人以連山首寅。歸藏首丑。周易首子。亦為曲解。伏羲重卦。在大撓作甲子之前。安得有子丑寅等字。其說殊妄。歸藏連山。有錯无綜。周易錯綜兼用。錯尚固定。綜言變通。各有定理。後人未能解釋。妄立名詞而已。連山卦四千九十六。即六十四卦自乘之數。曹金籀籀書內篇三易通義言三易之次第。亦失其本。

(八)。連山之數。无窮无盡。今以焦贛一卦變六十四卦。不過舉其一指爾。後世說者。以為變六十三卦。實不合理。且焦氏以周易之序為序。未知一陽一陰根本之所在。實屬大謬。至演卦之法。不過由歸藏六十四卦。由一陽一陰加一倍數。至十一乘方。得四千九十六卦。即為連山之數。其公式如下。

歸藏六十四卦。即五乘方。再加一陽一陰為六乘方。全體為兩個六十四卦。計一百二十八卦。一百二十八卦上加一陽一陰。為七乘方。全體為四個六十四卦。計二百五十六卦。二百五十六卦上加一陽一陰。為八乘方。全體為八個六十四卦。計五百十二卦。五百十二卦上加一陽一陰。為九乘方。全體為十六個六十四卦。計一千二十四卦。一千二十四卦上加一陽一陰。為十乘方。全體為三十二個六十四卦。計二千四十八卦。二千四十八卦上加一陽一陰。為十一乘方。全體為六十四個六十四卦。計四千九十六卦。

一卦變六十四卦。六十四卦變四千九十六卦。由一陽一陰組織而成。未能稍越橫圖之範圍。是為連山。而其精縕在消息兩字。

(九)、周易之序。文王演之與歸藏連山相同者。得十六卦曰乾坤。曰泰否。曰漸歸妹。曰中孚小過。曰坎離。曰既濟未濟。曰頤大過。曰隨蠱。此十六卦。皆是錯不是綜。明來知德號為知易。對錯綜二者。動輒謬解。漢時四家。施孟梁丘同一源流。所異者章句略異。京氏崛起。托諸孟氏。四家雖立學官。施與梁丘相通。梁丘賀之子臨。專行京房法。其實祇有孟京兩家。後兩家又鎔為一爐。孟降於京。讀漢書藝文志易類著述。孟京連署可證。孟氏已降於京氏。細讀易緯七種。可知京氏已拔三家之幟。(易緯七種多演京氏學說)其時韓氏于易。尚能樹立。因創家天下官天下之儻議。其說為暴君汙吏所不喜。按韓氏說見漢書蓋寬饒傳。未為學者所尚。是易亡於漢代。博士吾友杭辛齋學易筆談卷二。謂易學尼於王莽。所識者小。(祖緜按。辛齋多年老友。彼此未知治易。相見杭君喜與余言時事。從未涉及易說。)周易不尚消息。惟上下兩卦。其世位合上下數之。皆為六。故周易之關鍵在六字。此十六卦。兩卦之世位合成六。周易與橫圖相同。餘四十八卦。橫圖皆錯。如周易屯蒙序。(屯坎二世卦。蒙離四世卦。二四合六。)在橫圖消息。屯蒙不序。屯與鼎序。(屯坎二世卦。鼎離二世卦。坎離序。二世與二世序。)蒙與革序。(蒙離四世卦。革坎四世卦。坎離四世與四世卦序。)文王演之。分為屯與蒙序。革與鼎序。其關鍵在世位皆六。惟世位雖非消息。然不能脫離消息而言世位。世位在消息中有特殊地位。故周易上下兩卦之變通。无不與橫圖息息相通。其用雖別。其體率由於橫圖。自來言易者。均未知其縕。見下述周易三章自明。

蓋易具有一定之世。一定之位。不能越横圖範圍之絲毫。或曰。如子言易之為書其稱名也雜而不越。何以屯蒙兩卦屯二世為上卦。蒙四世為下卦。革鼎兩卦革四世為上卦。鼎二世為下卦。體不一定。雜而且越。答曰。横圖以一陰一陽統六十四卦。有條不紊。周易以原始反終。原始要終二語盡之。以乾坤為始。未濟為終。是以未濟續乾坤。故虞翻注未濟彖曰不續終也云。

乾五之坤二。殺不行。故不續終也。

其實言未濟雖卦之終。以循環之理證之。卦實未終。是謂未濟能續之以乾坤。屯坎二世卦。蒙離四世卦。與革坎四世卦鼎離二世卦。上下不同的緣故。即在一個續字。若鼎革易位。則失其序。而周易失普徧之義。按普徧見孔穎達正義第三論三代易名。孔未肯定。漢代易說。語多遺佚。宋元以后。著書雖多。憑空而談。窮理者少。或剿襲釋子語。以矜奇異。更昧於義。至清李光地王懋竑紀大奎之流。頭巾氣過重。對於易道。開口不曰聖功。即云王道。致語而不詳。究而不竟。言未失粗。掛一漏百。真理湮沒。於是旁門左道之說。得附麗之。紫奪朱。莠亂苗。証善失守。措辭游屈。莫甚於易。而治易者。不知易即是數。數即是易。學者能明此理。方不為曲說所蒙。歸藏連山是錯。以一陽一陰遞加而成。是不雜不越。周易有錯有綜。由乾坤至未濟。又由未濟復乾坤。亦是雜而不越。三易大別此。如直未濟能復乾坤之公式。另作周易序編兩篇以明之。

第九章 消息闡微

沈祖緜 瓞民學

一、消息釋義

歸藏連山的數學。祇至加減平方立方几次方而止。而周易屬於球形。是自然界現象底交互聯系和交互作用。惜在封建時代。封建毒素滲入其中。流入神秘為玄之又玄的學說。三易各有範圍。歸藏連山因有消息二言在。惜无人道及。周易尚變通。變化較繁。不若二易之簡單。不尚消息而成卦之理。不能離位之原則。可決定未作周易之前。人人能知消息之理。至姬昌演周易。箕子述洪範。已超出歸藏連山之上。若以歸藏連山擬周易。王充譏之。為何以易民間費高二氏之説。亦不能稱名取類。

消息兩字周易卦辭未出。惟象有之。泰☷☰否☰☷兩卦。息字作長。泰卦云。

內君子而外小人。君子道長。小人道消也。

九家易云。

謂陽息而升。陰消而降也。陽稱息者。長也。起復成巽。萬物盛長也。陰言消者。起姤終乾。萬物成孰。

上述九家易。荀爽宗之。汪長生繼之。後之治漢學吳派。僅知引漢人之説。不加辯證。消息與升降理同而位亦同。漢儒所謂陽升陰降，可肯定陽升是息，是言陰爻變陽爻，即是息，亦即是升；陰降是消，是言陽爻變陰爻，即是消，亦即是降。升降兩字，猶今之升降機，可以形容之。樓梯亦然，如人登樓，由䷁坤上一步為䷗復，再上為䷒臨，再上為䷊泰，再上為䷡大壯，再上為䷪夬，以至於乾䷀，而梯之級數已終，在橫圖无可再上。若連山似無終極，是猶數十層樓之升降機，亦可以橫圖推廣其級數。反之，如人在乾䷀處下降，下一級為䷪夬，再下為䷡大壯，再下為䷊泰，再下為䷒臨，再下為䷗復，以至於坤䷁，再下則坤上加一下，類推。雖與消的排法有異，而理亦可通。否之彖曰：

內小人而外君子，小人道長，君子道消也。

漢人無說，從泰卦彖注可知大義。又臨䷒彖云：

至于八月有凶，消不久也。

虞翻注云：

與遯䷠旁通。臨消於遯。祖縣按：此四字語病。臨卦以旁通求之，初爻二爻是消，三爻四爻五爻上六是息，虞氏以消字包括之，失其義。六月卦也。於周為八月，弒君父。祖縣按：虞氏此句，求其確據，實不可得。且虞氏注坤文言「臣弒其君，子弒其父」，以坤消至二，艮子弒父；至三成否，坤臣弒君。今遯僅消二，尚未消至三，而云弒君，與易例實不合。荀公即荀爽祖縣按：以兌為八月，兌於周為十月，言八月失之甚矣。

虞翻詰荀爽以遯為六月是也。惟彖言消不久也。究竟是言臨。是言遯。不能確定。若以遯卦言消。未免曲折。消不久。正與臨卦息不久相反。古今治易者。對於消不久三言。往往疏略。 先子周易易解臨卦下解云。

如觀䷓八月卦。按自二十䷓與臨觀相綜。觀八月之卦也。其時陰氣未至斗建酉。臨斗建丑。即陰陽交戰之謂也。鄭玄曰。臨卦斗建丑而用事。殷之正月也。當文王之時。紂為无道。故于是卦為殷家着興衰之戒。以見周改殷正之數云。臨自周二月用事。訖于七月至八月而遯卦受之。此終而復始。王命然也。

先子於易雖極深研幾。對於這段文字。余未敢贊一辭。在䷖剝之彖曰。

君子尚消息盈虛。

虞翻注云。

陰消乾也。祖緜按。乾消五爻。即為剝。與夬旁通。祖緜按。旁通即消息。乾消至坤。坤息至乾。為蔡景君說。虞翻宗之。六朝梁伏曼容亦主此說。旁通二字見乾文言。

虞氏從蔡景君旁通。其實旁通即消息。旁通指錯而言。蔡說見虞翻注謙卦。虞翻云。

乾為君子。乾息為盈。祖緜按。陰爻變陽為息。乾息由消坤而來。故息盈。坤消為虛。祖緜按。陽爻變陰為消。坤消由息乾而來。故消虛。故君子尚消息盈虛。天行也。祖緜按。虞氏注復。則出入无疾。反復其道。易虧巽消艮。祖緜按。乾消初爻為姤䷫。即虞氏所謂虧巽。乾消五爻為剝䷖。即虞氏所謂消艮。出震息兌。祖縣按，坤息初爻為復䷗，即虞氏所謂出震。坤息五爻為夬䷪。即虞氏所謂息兌。盈乾虛坤。祖縣按，坤息至乾為盈乾，乾消至坤為虛坤。故於是見之耳

明白可曉之說。虞氏乃曲折說之。反使人疑惑。此虞氏之錮。如䷶豐之彖曰。

日中則昃。月盈則食。天道盈虛。與時消息。

虞翻注云。

五息成乾為盈。四消入坤為虛。故天地盈虛也。豐之既濟。四時象具。

虞說未當。此消息二言。因周易之位與歸藏同。周易不尚消息。故卦辭云宜日中。彖以日中則昃月盈則食天道盈虛與時消息解之。此有韻之文，昃食息叶。並非真言消息之理。今虞氏强調撓三爻之說。足成之至五息成乾。若以撓三爻之說證之。䷶豐五陰爻息而為陽為䷥睽。則乾為互卦。根本已錯。若以二五相應立說。二爻是陰。息而為陽為䷡大壯。以消息之例言之。豐之消息為䷺渙。蓋虞氏未明消息之定例。强以撓三爻之曲解釋之。殊覺未安。至四消入坤。雖據十二辟卦立說。虞氏之例。四為陽爻。與二陰爻二四互易為䷊泰。虞氏以解消息。實大悖而特悖。虞氏又舉旁通之說。以搪塞之。不知旁通即消息。何必多增一名詞。虞氏又於說卦傳其究為健為蕃創。震巽特變之說。為近利市三倍。立說亦同。視橫圖卦卦有消有息。即卦卦可以旁通。至震巽特變。更非理

之正。不如從孔穎達正義。盈則與時而息，虛則與時而消，反爲得體。

在升上六爻辭云冥升利于不息之貞。象曰冥升在上消不富也。爻辭言貞，小象言消，說見本章言荀爽易。繫辭不言消息，是劃清周易與二易之別。在繫辭有云易不可見則乾坤幾乎息矣，此息字非消息之息，乃當作息滅解。與䷰革彖水火相息之息義同。繫辭言陰陽，言動靜，言變化，言剛柔，言大小，言翕闢，皆指一爻變而言。言變通指上下兩卦通數極變而言，曰錯綜。錯者指歸藏連山排列而言。在周易僅十六卦。上世者有四，爲䷀乾䷁坤爲䷜坎䷝離。三世者有四，爲䷋否䷊泰爲䷾既濟䷿未濟。歸魂亦有四，爲䷐隨䷑蠱爲䷴漸䷵歸妹。遊魂亦有四，䷚頤䷛大過䷼中孚䷽小過。餘四十八卦皆是綜。虞翻以爲䷲震䷸巽䷳艮䷹兌四卦非消息。故云變伏而不旁通。在歸藏震巽錯艮兌錯，在周易震艮綜，巽兌綜，相綜者如震艮。

其相綜之理連繫者爲䷽小過。又如巽兌。

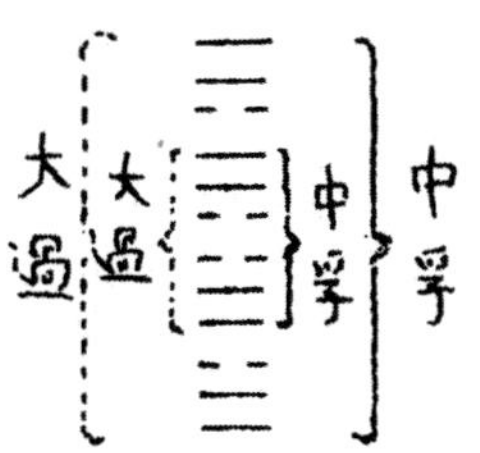

其相綜之理與震艮同，而虞氏竟不知三易之

別，强欲以撓三爻之別解之。以消息解周易，致鑄成大錯。明季來知德已決定錯是伏羲圓圖。但又不提出橫圖。綜是文王序卦，解析已明白。又創正綜雜綜之說，不知綜是正和反。乃是交互作用。是現象底普遍的聯繫。所不同者如此。虞翻注繫辭錯綜其數，謂逆上稱錯。綜理也。失其本。

二 易緯論消息

乾鑿度上卷及下卷之上半。實孟京二氏周易之繫辭。乾鑿度云能消者息。鄭玄注。从文王也。鄭說屬。消息之理。出一陽一陰。歸藏尚消息。連山可依歸藏演繹之。從橫圖可挨排出之。凡卦六爻其位初爻隔三十二位。二爻隔初爻十六位。三爻隔二爻八位。四爻隔三爻四位。五爻隔四爻二位。上爻隔五爻一位。六十四卦。卦卦可以消息。遇陽爻消而為陰。遇陰爻息而為陽。有條不紊。在周易其六爻之變與歸藏對比。其位相同而不尚消息。鄭玄注揭出文王二字。不合周易條例。清人治漢學者。如胡渭惠棟輩。力闢橫圖。將真理完全抹煞。述漢者尚虞翻撓三爻之說。錮守曲說。違於制器尚象之大用。可謂養其一指而失其肩背。今讀鄭玄此注。知鄭氏於消息二字實未明確，離開了現實的聯繫。因漢時四家博士各持門戶之見。自鳴一家。不能貫通諸家，易學之亡。博士實肇其端。讀漢書朱雲傳。有云。

是時少府五鹿充宗貴幸。為梁丘易。自宣帝時。善梁丘氏說。元帝好之。欲考其異同。令充宗與諸易家論。（祖縣按諸易家指當時梁丘易外有孟氏施氏京氏立學官者。此外有韓費高三氏。）充宗乘貴辯口。諸儒莫能與抗。皆稱疾不敢會。有薦雲者。召入攝齋登堂。抗首而請。音動左右。既論難。拄五鹿君。故諸儒為之語曰。五鹿嶽嶽。朱雲折其角。

又西京雜記云。

長安有儒生惠莊。聞朱雲折五鹿充宗之角。乃歎曰。繭栗犢反能爾耶。吾終恥溺死溝中。遂裹糧從雲。雲與言。莊不能對。逡巡而去。拊心謂人曰。吾口不能劇談。此中多有。

易以以言者尚其辭。為聖人四道之一。言語亦明道之要具。議事圖事者更當重視。雲治孟氏易。頗有師道。惜與五鹿充宗論難。班氏未叙。史失闕文。若叙及之。可證孟與梁丘學說之異同。實有補於易道。五鹿充宗在藝文志易類有畧說三篇。已佚。班氏於東方朔司馬相如揚雄諸傳。多錄文賦。於學術異同。皆不錄。附此為文勝質之害。乾鑿度又云。

昔者聖人因陰陽定消息。立乾坤。以充天地也。

鄭玄無注。辭據孔子集注。引此作文王以陰陽消息。立乾坤統天地。辭據之說不足據。陰陽消息是周易以前之易。非周易。後人妄改乾鑿度。依附周易。不知消息二字在作周易時。已棄而不道。列子天瑞篇節去消息二言。校辞說為勝。乾鑿度又云。

孔子曰。極至德之世。不過此。乾三十二世消。坤三十六世消。

乾是消。坤當是息。此以消字屬之坤。似不類。惟此言世軌之法。不是言消息。且世軌之世。非世爻之世。乾元序制記。言世數。亦與此異。鄭玄注云。

乾坤之君。德之至盛。為其子孫。相承之世。如此而已。數之已消也。

按鄭玄注。數字上據正文似脫過此二字。乾三十二世消。言一軌享國之法。乾三十二世。四八也。四八相因為三十二。乾為陽數。何以不用九而用八。似陰陽顛倒。在乾鑿度作者之意。以乾由坤而來。初復、二臨、三泰、四大壯、五夬、六乾。此乾六爻為坤之變。故不用九而用八。又坤三十六世。四九也。四九相因為三十六。坤為陰數。何以不用八而用九。以坤由乾而來。初姤、二遯、三否、四觀、五剝、六坤。此坤六爻為乾之變。故不用八而用九。作者又改坤息為坤消。故弄玄虛。以欺人。此漢前通人之慣習。

范欽天一閣刊乾鑿度。誤字纍纍。不可卒讀。黃宗羲據之。譌字多不校正。易數論卷三所據范氏刊本。以譌傳譌。整理乾鑿度世軌文王世軌水旱軌。雖加組織。而於消息二字。未窮其究。又未曾推排。加以釐正。黃氏對於乾鑿度。雖升堂而未入於室。但對於周易。在明末三大儒中。較顧炎武王夫之二人。則別具卓見。黃氏對世軌云。

軌運測驗之法。可以考見者。以所值之軌。分受命之君之善惡。從正爻得正失正而言。……其
受命即位之年在入軌之初。與天運相符。則有子孫繼之。以畢其軌。亦如六爻次序。自初至上。
祖緜按。乾鑿度棄初上二爻、大背易理、例如乾初九潛龍勿用、上九亢龍有悔。竟可不當軌年
廢去。六十四卦皆然。周易三百八十四爻。若卦卦去初上兩爻。僅得二百五十二爻。
之初。既與天運不符。身倖不失。子孫自不能繼。受命之君。其德宜於卦德相符。苟失其德。陰則
起大而強。陽則柔易而弱。則不永其位。水旱兵饑。攷知其年。預為之備。則可以救災度厄。此五
者其大略也。祖緜按。黃氏之說。泥於曲說。然其言自相矛盾。不審於理。一軌七百六十年。所謂聖人庸人君
子小人者。一君當之乎。統一軌之君以當之乎。乾為庸人而三十二世。遯為君子而一世。則是
有天下者。可一委之運數。而人事不修也。即位之年。必欲當軌之初。從古來有七百餘年不易
其姓者乎。祖緜按。從古至者乎。胡煦周易函書約存卷三。引黃氏說。改豈盡如所云乎。以諂媚猾狂、悖甚。帝王之治天下。允執其中。寧因消息、
所直而過剛過柔。以迎卦氣乎。祖緜按。黃氏下卦氣二字失攷。水旱兵饑。十年內外不能不遇。而以六百年七
百年為期。是亂日少而治日多也。小道可觀。致遠恐泥。其斯之謂與。
乾鑿度為京氏易之所據。水旱兵饑。寓寒溫之張本。黃氏未能與京氏對比言之。亦失諸野。孟軻有
言。三十年為一世。五百年必有王者興。此孟氏自負之辭。與此言七百六十年為一世軌。姬昌則以
七百二十年為一世軌。二說不同。惟七百二十年見漢書律曆志。引易九厄。次七百二十陰七。孟康

注曰。九乘八八九九七十二為七百二十歲。次七百二十陽七。孟康曰。亦九乘八八之數。故易九變。故再數也。如湻曰。八十歲紀一甲子冬至。以八乘九八九七十二。故七百二十歲乃有災也。如湻之言。以世軌即災異。此漢儒舊習。如後世關朗之洞極。衛元嵩之元包。邵雍之皇極經世。胡翰衡運論等書。皆效其說。奢言災異。以惑人世。惟胡翰之說。得之秦曉山。（其人无攷。）其說實言序卦之理。迂而未通。泥於乾鑿度所云消息卦。純者為帝。不純者為王。六子（即震巽坎離艮兌六卦。）上不及帝。下有過王。故六子雖純。（此句未諦。）六子陰陽不純。其文有陰有陽。不為乾坤。胡氏為消災度厄之說所蒙。以封建之邪說出之。不知軌運乃律歷之周。古人言易。喜言卜筮尚占。及多言災異。所述求世軌災異諸法。究屬非是。惟胡氏言革注。頗合社會發展史之理。錄之如下。

天生仲尼。當五霸之衰。而不能為太和之春者何也。時未臻乎革也。仲尼沒。繼周者為秦。為漢。為晉。為隋。為唐。為宋。（祖綿按。仲子生於元而不言元。卓識。）垂二千年。猶未臻乎革也。泯泯棼棼。天下之生。欲望其為王為帝為皇之世。固君子之所深患也。

胡氏在專制淫威之下。如此立論。頗具卓識。（文載胡仲子集。明文在亦錄。）至乾鑿度。黃宗羲之說。胡煦周易函書約存卷九盡從錄。黃氏譌處。胡氏皆未訂正。於黃氏之說。加以改竄。（胡仲子衡運論。亦改竄。見約存卷十九。）與原文異。惟文冗長。限於篇幅。不贅。

易緯稽覽圖。侈言消息。京房倡之。後漢郎宗父子習其緒。詳見漢書京房傳。及後漢書郎顗傳。寒溫亦易之末流。王充論衡寒溫篇。已刺其謬。為易之旁門。可不再談。

消息二字。是歸藏的範圍。連山因襲之。作周易時。已廢而不談。周易尚變。不重消息。惟後人作彖時。於否泰二卦。以消息為消長。剝卦舉出消息。非真合消息原理。

三、歷代治易者消息論

荀爽治易。人謂在東漢孝靈之際。當首推荀氏。惟改消息為升降。創乾升坤降之說。有時又作進退。荀氏所謂乾升。即是息。是言息者。由坤息至乾。如階之上升。故曰乾升。所謂坤降。即是消。是言消者。由乾消至坤。如階之下降。故曰坤降。更立名目。自炫新奇。荀氏之說。見李氏集解。惠棟周易述引用至夥。惠氏易漢學輯荀慈明易一卷。張惠言又著鄭荀易三卷。孫堂漢魏二十一家注集荀爽易一卷。馬國翰輯荀氏易三卷。後人宗其說者。有蜀才伏曼容輩。荀氏之學。主觀過深。其論易以乾升坤降為主。謂易以陽在二者。（二即二爻）當上升坤五為君。陰在五者。（五即五爻）當降居乾二為臣。又取五行四時之王。又取干支。致力雖勤。惜昧於易之正義。後漢書荀爽傳。爽對策陳便宜云。

臣聞之於師曰。漢為火德。火生於木。木盛於火。（祖緜按。五行生克。實非生者為吉。克者為凶。故古醫書言不足宜補。有餘宜浅方合正義。）

三易新論

其德為孝。祖緜按，荀氏釋孝字，實无法可求。易言元亨利貞，元是仁，亨是禮，利是義，貞是智，不言信，信在中五，孝在木火，无從考證。論語學而篇，孝弟也者，其為仁之本與，似孝字可包括在仁字之內。其象在周易之離。祖緜按，離卦與卦更不相涉，在周易離卦辭，畜牝牛吉，牝牛即母牛，上古之世，知有母不知有父，禮記祭義，孝者畜也，與牝牛之義相合。夫在地為火，在天為日。在天者用其精，在地者用其形。祖緜按，此兩句言人之安胎，所謂父精母血是。夏則火王，其精在天，溫煖之氣，養生百草，是其孝也。冬時則廢，其形在地，酷烈之氣，焚燒山林，是其不孝也。祖緜按，荀氏言孝與不孝之別，以夏冬兩時出之，似悖於理，在春秋則何如。離卦九四，突如，突孟喜作𠫓，說文，𠫓，不順忽出也，从到子。易曰，突如其來如，不孝子突出，不容于內也。疑漢人以突字解不孝爾。

荀氏之師不可考。荀氏對策，一孝道，二夫婦（言尚主），三遣出後宮采女，四依古禮尊卑之差，咸據易立說。殊无專見。爽猶子悅作後漢紀，稱爽治易云。

孝桓帝時，故南郡太守馬融著易解，頗生異議。祖緜按，馬融周易解，孫堂馬國翰皆有輯本，余亦作周易馬氏傳輯證七卷，馬氏長於訓詁。及臣悅叔父司空爽著易傳，據爻象承應陰陽變化之義，以十篇之文解說經意。祖緜按，此仲豫失言，十篇即十翼，十翼中无升降二字，承應爻象屢出，而荀爽所謂承應，亦多臆說，說詳下。由是兗豫之言易者，咸傳荀氏學。

荀悅之說，譽其家世，未免崇高。茲將荀爽之易，分為四事論定之。

(一)事乾升坤降。泥於二五兩爻，實出京房。大畜彖云，謂二變五體坎。祖緜按，京氏云，二變五體坎䷤，大畜為䷤家人，並不體坎，今云體坎，乃以卦得陽五為正立說。五天位，故曰應乎天。

荀氏據京說。解乾升坤降之說。實背消息之理。伏羲十言之教。所謂消息者。並不言乾升坤降。而其定理。凡一卦六畫。以一陽一陰。求錯之理。遇陽爻當變陰爻。即是消陰爻變陽爻。即是息。宜消宜息。視爻之陰陽而定。並非拘泥乾坤二卦。又並非拘泥於二五兩爻。在周易卦之六爻。二五相應。初上相應。三四相應。此乾坤二卦之次序。如此若在䷂屯䷃蒙二卦。其例與乾坤不同。屯之初爻變䷇比。與蒙之上爻變䷆師相應。屯之二爻變䷻節。與蒙之五爻變䷺渙相應。屯之三爻變䷾既濟。與蒙之四爻變䷿未濟相應。屯之四爻變䷐隨。與蒙之三爻變䷑蠱相應。屯之五爻變䷗復。與蒙之二爻變䷖剝相應。屯之上爻變䷩益。與蒙之初爻變䷨損相應。相應即是綜。與歸藏相錯。絕對為二事。不可相混。惟周易六爻之變。或上下兩卦。各自為序。或上下兩卦。相綜為序。其位之級數32 16 8 4 2 1。與歸藏同。所不同者。惟无陽消陰息之別。今荀氏欲以二五之變。來包括全卦。置初三四上各爻而不顧。非理之正。荀爽注家人彖。

父父子子兄兄弟弟夫夫婦婦。而家道正。正家而天下定矣。

其立說大張三綱之說。謂

父謂五。祖緜按、荀氏夙主五為君位、是君為臣綱。此言父為子綱。子謂四。兄謂三。弟謂四。夫謂五。祖緜按、此為夫為妻綱、荀氏所說爻位、皆匪夷所思、婦謂二也。各得其正。故天下定矣。

荀氏以二五兩爻附麗三綱之說，頗覺支離。惠棟周易述九卷屏而不錄，不為无見。

(二)事荀氏喜言承應，應的定例。在第一事已舉其概，在革六二。

已日乃革之，征吉无咎。

荀氏注云。

日以喻君也。謂五已居位為君，二乃革意。（祖緜按，此荀氏言二五應。）去三應五。（祖緜按，三與四應。）故曰已日乃革之。

上行應五，去卑就尊，故曰征吉无咎也。

又同卦九三。

征凶，貞厲。

荀氏注云。

三應於上。（祖緜按，三四兩爻相應，荀爽云三上相應，此星翁俗說。）欲往應之，為陰所乘，故曰征凶。（祖緜按，凡卦爻，爻自為象，各有所據，不必據此而釋彼。）若正居三而據二陰，則五來危之，故曰貞厲也。

觀革卦六二九三兩爻荀氏所注，其說拘泥。使明白易解之周易，其義反晦。余以周易之變與橫圖一一對照求之，知荀氏之說與周易之例全違。今闡明承字之義，古今釋承字類皆猶豫不定，釋者多稱心為之，不足以為要。惟王弼之說得其正。王氏周易略例上云。

剛柔相乘。可立主以定也。見明彖……承乘者，逆順之象也。見明卦適變通爻。……辯順逆者存乎承」

同上

王氏以順逆釋承乘。可作定論。並可探知費高二氏以十篇之文解易。十篇即十翼。承與上下兩卦有聯繫之例。至歸藏六十四卦全是錯，不必言承。此周易與歸藏連山之大別如此。承，說文奉也。奉者以手拱而上之。廣雅釋詁四：承，繼也。以解周易，不及奉義之勝。歸妹上六，女承筐无實。虞翻注，自下受上稱承。為承義之真諦。讀者於承字義或未明，可細讀邢璹之注，自能貫通，不致為王弼所謂一失其原。巧愈彌甚之譏。王氏周易畧例實係翼易之作。惜作者依附曹氏，借易別有作用。无怪為范寧所譏，以為弼之罪浮於桀紂。細繹易理，所謂位乃合辯證唯物學說，所謂變通趨時乃合歷史唯物學說。所謂承在䷳艮卦六二，艮其腓，不承其隨。是所謂承，是隨其舊時習慣。所謂不承，實有革命之意。凡物非革命不可革，故鼎新。易之常理。書胤征，舊染污俗，咸與維新，禮記大學，苟日新，日日新，又日新，義同。又所謂革命，不是夏變殷，殷變周，一種說頭，凡事物日新月異，力爭上游。易言生生之謂易，方合革字之義。淺人不知，以易姓受命為革。此不過爭取政權。以泰易畧恐爾，實失諸遠。茲舉荀氏所謂承，見於集解義海諸書。如乾九三、屯彖、否六二，又六三、謙初六、臨六五、臨九二彖，又六四彖，恒九三、蹇六四彖、損彖、巽初六彖、渙彖，又六三，共十四事。細分之以二五兩爻升降為主體，而初三四上各爻承之者。如乾之九三。臨之六四象。恒九三。渙象。巽初六象。以三上相承者。如渙六三。以三爻承上爻者。如屯象。以陰陽相承者。為否六三。謙初六。蠱六五。臨九二象。蹇六四象。以間爻相承者。為否六二。又損象可貞注云。少男在下。少女雖年尚幼。必當相承。故曰可貞。立說互異。至乘字見屯之六二。蒙象。比象。謙六五。恒卦辭。困象。革九三。巽九二。節上六。中孚初九。皆以陰陽立說。共十四事。荀氏之說。求之易理。未能盡合。

(三)事。荀氏亦言消息。如坤之上六。龍戰于野。荀注云。

　　消息之位。坤在於亥。下有伏乾。為其兼于陽。故稱龍也。

此為十二消息。即以十二辟卦為十二支。定十二月。不離乎位。如䷁坤在亥。則以䷗復起子。丑起䷒臨。寅起䷊泰。卯起䷡大壯。辰起䷪夬。巳起䷀乾。午起䷫姤。未起䷠遯。申起䷋否。酉起䷓觀。戌起䷖剝。坤在於亥。良是。坤與乾錯。故曰下有伏乾。飛伏之說。京房所創。可不必引用。荀氏釋坤文言。玄黃者天地之雜也。亦曰。

　　消息之卦。坤位在亥。下有伏乾。陰陽相和。故言天地之雜也。

此注與上注相類。惟坤位在亥。實勝坤在於亥句。在否卦。

　　九五。休否。大人吉。其亡其亡。繫于苞桑。

荀氏注云。

陰欲消陽。由四及五。（祖緜按，四巳過去，此云由四及五，是荀氏未明消息，以五位為尊。）故曰其亡其亡。（祖緜按，荀注此句，與上不相連繫，且失解。先子易解，取來知德義，殊明確。）謂坤性順從不能消乾使亡。苞者，乾坤相包也。桑者，上玄下黃。（祖緜按，此句更不合科學原理。）以象乾坤也。乾職在上。坤體在下。雖欲消坤。繫其本體。不能亡也。

惠棟周易述。采荀氏。包（惠作苞。）者乾坤相包也。包（惠作苞。）桑者，上玄下黃。二句。而更其下句。為乾坤相苞以正。故不可亡。義與荀相反。異派治學。喜改作。此類甚多。荀氏此注。實无足取。

荀氏亦言十二消息，與虞翻同。十二消息者。取乾坤二卦32 16 8 4 2 1消息之位。漢人欲以十二消息概六十二卦。而不知卦卦具消息之理。於是中孚小過諸卦。以十二消息證之。成為不能消不能息。至今成為懸案。若能卦卦可以消息解之。則中孚之錯為小過。小過之錯為中孚。荀氏於繫辭往來不窮謂之通注云。

謂一冬一夏。陰陽相變也。十二消息。陰陽往來无窮已。（祖緜按，古巳以通。）故通也。

余以為窮通。即繫辭窮則變。變則通之理。較消息更進一層。周易兩卦之序。及六爻之變。已不尚消息。皆在變通。在橫圖中。惟十六卦與周易相通。詳說第一章及此章上文。然亦有用消息者。

(四) 事。䷭升卦上六。冥升。利於不息之貞。爻出息字。象曰。冥升在上。消不富也。象出消字。荀氏注云。

坤性暗昧。今升在上。故曰冥升也。陰用事為消。陽用事為息。陰正在上。陽道不息。陰之所和。故曰利于不息之貞。陰升失實。故消不富也。

惠棟周易述引荀說。竄易荀氏正文。爲

坤性暗昧，令升在上。故曰冥升也。二升五，積小以成高大。故曰不息。陰之所利，故曰利於不息之貞。

惠氏又作疏以申其義云。見周易述卷六

上體坤。坤喪乙滅癸。祖緜按此據魏伯陽參同契說。故性暗昧。祖緜按魏伯陽參同契上篇出棲遲昧冥句，是言辟卦遯，不是升。即以十二辟卦而論，䷭升初上之三，為䷒臨，與䷠遯相錯。古人立論，決无如此之矛盾。總之未明橫圖，喜立異說，以炫人，動多不近人之說。居上體而在升家。故冥升。此上荀義。祖緜按以下皆蛇足。以案中庸言至誠無息。祖緜按此息字義舛。而先言積。如天之昭昭。地之撮土。山之卷石。水之一勺。所謂積也。繼之云維天之命。於穆不已。又云於乎不顯。文王之德之純。純亦不已。不已即不息。祖緜按不息不是純息，由陰爻變陽爻而來。二升五。積小以成高大。有不息之義。祖緜按此三句實荀氏原文，惟改故曰不息句為有不息之義爾。升五得正。故云不息之貞。上比于五。五陽不息。陰之所利。故利於不息之貞也。

惠氏之說。實不合述之體裁。所謂述。即述荀氏原文之說。例不能改。亦不能以荀氏原文錯雜於注與疏之間。惠氏號為明經。違背經旨。又如荀氏注爻象云。冥升在上。消不富也云。

陰升失實。故消不富也。

惠棟周易述引荀義疏云。

荀云陽用事為息。陰用事為消。陽實陰虛。陰升失實。故消不富也。

惠說殊无見地。張惠言周易虞氏義作。

陰消失實。故利陽息。

張說亦提出消息二字。然張氏對於消息之理。實未能肯定。說詳下張惠言論消息升之上六為䷑蠱。在此爻而論。爻所謂息。象所謂消。是以消解息。並非消是一事。息又是一事。冥莊子消遙遊。北冥有魚。簡文注。窅冥無極。故謂之冥。是言至廣至昧。爻言冥升。乃言能升達天空至高至極之度。如今之高空研究宇宙現象。方合冥升不息之理。苟畏難不進。乃是消不是息。能得其理。方合乾彖統天坤彖萬物資生之義。而漢人釋統天與資生。以策數申其義。所識者小。易以富有之謂大業。日新之謂盛德。生生之謂易。已表明易之作用。又舉而措之天下之民。謂之事業。其日進无疆如此。後之學者。徒知自然。不尚人為。以為日月運行。以成四時。聽其自然。而不肯加以人為。殊失乾大生坤廣生之旨。所謂生生者。即從乾大生坤廣生之理。精益求精。做到生生不已之旨。即今日大躍進。又坤之象。地勢坤。君子以厚德載物。厚德。如今之所謂鼓足幹勁。力爭上游。載物。即多快好省增産節約。是言地利之無窮。在於人力之發掘。不過古人立說。疏於百姓日用(此四字見繫辭)之一切事物。以為耳目所及。不必形諸筆墨。而儒家又以工農為小人之事。惟以聖功王道是尚。說易更甚。後世帝王。利用為其子孫鞏固封建王位。實與易旨違。升之小象。消不富也。張惠言以富為實。義確古富實同義。今象云富不云實者。以升六爻象以志喜疑事志富為韻。作實則不叶。故荀爽虞翻亦富實並舉。此爻爻辭小象所謂消息。以一爻立說。與伏羲十言之教所謂消息。以一卦為主者有別。在周易六爻之變。卦位亦可從橫圖求之。惟不尚陽消陰息。但在爻變之位耳。如升上六之變為䷑蠱。升蠱在橫圖相隔一位。是其證。蠱外卦為☶艮為山。左傳莊二十二年陳厲公生敬仲。使周史筮之遇觀䷓之否䷋。有云庭實旅百。奉之以玉帛。杜預注云艮為門庭。又僖十五年秦伯伐晉。晉卜徒父筮之。有涉河侯車敗之象。其卦遇䷑蠱。云其悔山也。又云我落其實。又昭二十九年在周易女惑男。風落山謂之蠱。杜注云艮為少男為山。以三說按之。山之在地。地形崇高。冥之象。山多寶藏。富之象。即實之象。在左傳兩出實字。實即富意。是爻上六為冥。今陰爻變陽爻。乃是息。息即升。升之不已。乃是不息。小象為消不富。言冥升在艮。艮有實象。艮由坤之變而來。外卦坤。坤陰不實。今變艮。地上有山。實之象。原係陰爻。今變陽爻。乃是息。此息由陰爻消而來。能消其不實。此息字由利于不息之貞而來。太卜采取不息二字。含有乾之象。天行健。君子自強不息。同小象曰消不富也。此富字與繫辭富有之謂大業義同。宋以後解者。以冥升上无可升。宜退不宜進立說。與爻變之誼不合。因蠱卦之彖辭。蠱元亨，而天下治也。又利涉大川，往有事也。乃係進而不退之卦。此息字不必拘於消息之息。此爻義最曲折。余言如此，希世之治易君子正之。

荀氏四事。余正之如上。清人治漢學，皆奉孟京鄭虞四氏，對荀氏惟惠棟周易述、張惠言鄭荀義三卷、周易荀氏九家注一卷及之，皆无卓見。總之荀氏之易，致力甚勤，拘泥三綱等曲說，更以二五兩爻之變，以概一卦，致周易六十四卦失去相互之連繫。此種別開門戶之見解，不獨漢人為然，歷代相因，其弊在不肯於卦爻中求真理所致。

茲再由荀爽易上溯孟喜京房所說之消息。本稽覽圖以寒溫解消息，郎顗繼之，其說見漢書京房傳、後漢書郎顗傳。王充論衡著寒溫篇，已詰此派之謬。李鼎祚所引京房孟喜易說，並无消息二字，是一疑問。惠棟易漢學述孟喜易，開宗明義引孟氏卦氣圖說。

孟氏卦氣圖以坎冬離夏震春兌秋為四正卦，餘四正卦，卦主六日六分，合周天之數。內辟卦十二，謂之消息卦。祖縣按：乾純陽，陽爻變陰爻為消，初爻消為䷫姤，二爻遞消為䷠遯，三爻遞消為䷋否，四爻遞消為䷓觀，五爻遞消為䷖剝，六爻遞為䷁坤。坤純陰，陰爻變陽爻為息，初爻息為䷗復，二爻遞息為䷒臨，三爻遞息為䷊泰，四爻遞息為䷡大壯，五爻遞息為䷪夬，六爻遞息為䷀乾，即辟卦說。詳一行大衍歷說。見唐書歷志十七卷上。新唐書歷志二十七卷上。

世人以孟喜乾坤兩卦之消息，謂之十二辟卦。辟卦之說，始於孟氏。然僅知乾坤兩卦之消息，而不知六十二卦。皆可消息。

孟氏卦氣圖宋人李溉以為出於孟喜。朱震漢上易傳圖說載之。究竟此圖是否出於孟喜之手。不能攷定。因漢人競言師承。譌造者殊多。以易言之。在儒林傳敘孟喜事已兩見。其一云

喜好自稱譽。得易家候陰陽災變書。詐言師田生且死時枕喜厀。（祖縣按。厀即膝字。）獨傳喜。諸儒以此耀之。同門梁丘賀疏通證明之。曰田生絕於施讎手中。時喜歸東海。安得此事。

其二云。

又蜀人趙賓。好小數書。後為易飾易文。以為箕子明夷。陰陽氣亡箕子。箕子者萬物方荄茲也。賓持論巧慧。易家不能難。皆曰非古法也。云受孟喜。喜為名之。後賓死。莫能持其說。喜因不肯仞。以此不見信。

傳舉二事。敘孟喜之作偽如此。惟孟喜不言災異。與京房異。漢時言易。孟京並稱。其實各不相侔。漢書京房傳所謂消息。不是橫圖之消息。所云太陽太陰少陰。諸說不是橫圖之太陽太陰少陰。而是由洛書產生之太陽太陰少陰。其說出稽覽圖。後之治易者。不加分析。以二事并為一事。實失諸遠。清代自號治漢學者。往往合二為一。不勝枚舉。漢書京房傳載房以建昭二年二月朔拜上封事云。

辛酉以來。蒙氣衰去。太陽精明。……然少陰倍力而乘消息。……迺辛巳蒙氣復乘卦。太陽侵色。

又房至陝復上封事云。

乃丙戌小雨。丁亥蒙氣去。然少陰并力而乘消息。戊子益甚。到五十分。蒙氣復起。此陛下欲正消息。雜卦之黨。祖縣按、京氏所謂雜卦即指六十二卦。并力而爭。消息之氣不勝。彊弱安氣之機不可不察。己丑夜。有還風。盡辛卯。太陽復侵色。至癸巳日月相薄。此邪陰同力。而太陽為之疑也。

京房兩上封事。無非以石顯五鹿充宗疾房。房為報復之舉爾。至第二封事。房為魏郡太守。魏郡去都遼遠。丙戌至癸巳。僅八日。天氣變遷。乃是常事。並且魏郡天氣與西都不涉。房說如是。宜班固識以假經設誼。依託象類。信然。京氏所謂消息。與伏羲十言之教異。又京氏所謂太陽太陰少陰。亦非橫圖中之四象。是據繫辭揲之以四。以象四時立說。讀時當細辨之。

京氏著述頗廣。漢書藝文志云。

孟氏京房十一篇。

王應麟補注云。

釋文序錄云。孟喜章句十卷。京房章句十二卷。晁氏云。今其章句亡。乃畧見於僧一行一祖縣按、行作

易纂今佚。其說散見於呂祖謙古易音訓。引晁氏及蘇軾易傳。王氏困學紀聞及李鼎祚之書。

王氏補注。說欠明析。漢書藝文志。別列易經十二篇。施孟梁丘三家。又章句施孟梁丘各二篇。此所

謂孟氏京房十一篇。以書名證之，乃京房述孟喜之說，與章句不同。漢書儒林傳謂京房受易於梁人焦延壽。延壽云嘗從孟喜問易。會喜死，以為延壽易即孟氏學。翟牧白生不肯，皆云非也。京房多詐。一生以怪迂析辯詭辭為事。作此書時，依托孟喜自固藩籬。此意中事。以李鼎祚集解引兩家之說，以證明然否。而門戶各異。又陸德明釋文引兩家之說，亦異。且京房喜竄改經文，與孟氏絕不相同。許慎五經異義，動云孟京說，乃是粗枝大葉之說。藝文志又云

災異孟氏京房六十六篇。

災異之說，起於春秋。鄭人裨竈。在漢董仲舒以春秋說災異。眭弘繼之。夏侯勝以洪範說災異。谷永劉向父子李尋宗之。翼奉之以齊詩說災異。至以易說災異，始於焦延壽。至京房大倡其說。元成之際。其說更盛。王莽以新篡漢，詭說益熾。讀王莽傳，其說甚於京房。假易以固新室。兩漢時所謂儒者之詭。未有若談災異者。京氏言災異見漢書五行志。史漢以下二十二史之有志者，凡五行及祥異志類，仿班書，以杳無價值之文字，充滿篇幅，實為作史者莫大污點。此云京房災異六十六篇。今就漢書五行志。及歷代各史述災異之說。杜臺卿之玉燭寶典。李淳風之乙巳占。瞿曇悉達之開元占經。彙而集之，可得三分之二。清儒如陳壽祺喬樅父子，贊京氏之學。壽祺經郛一書未就而罷。其鱗爪猶存。讀之一无確實可翼經語。其子喬樅成歐陽夏侯遺說一卷。齊詩遺說者四卷。齊詩翼氏

學疏證二卷。詩緯集證四卷。措詞游移兩可。雖其書成於漢書軼掌之際。與專心著述不同。阮元稱
其書為析前人所未析。未免過譽。總之災異之說。實為迎合人主莫大之工具。害民誤國之邪說。沈
欽韓云。

後書郎顗傳。臣伏案飛候。參察軍政。祖縣按。飛伏乃占卜之名。與災異全異。李注。京房作易飛候。隋志載周易
占諸書。並京房撰。其名目重複誕異。不知誰所定也。儒林傳。房受易焦延壽。延壽云嘗從孟喜
問易。會喜死。房以為延壽易即孟氏學。然則京氏之易。托諸孟氏。故易冠以孟氏。隋志又有焦
贛易林十六卷。今見行。而志不列。殆以焦氏無師法。故不錄中秘。或以京氏包之耳。

沈說如此。王先謙漢書補注詰之云。

傳稱喜從田王孫受易。得易家候陰陽災變書。云師且死。獨傳喜。故言災異自孟氏。易林。當在
著龜家周易中。

沈說非。王說亦非。且武斷。引儒林孟喜傳亦異。傳云。

孟卿以禮經多。春秋繁雜。迺使喜從田王孫受易。喜好自稱譽。得易家候陰陽災變書。詐言師
田生且死時。枕喜膝。獨傳喜。諸儒以此耀之。

班氏說如此。而下列之京房傳。對焦延壽師事孟喜。亦說不認。惟孟喜之易。余昔草周易孟氏易。制言

中已刊載、以為候即乾鑿度之類。故許慎五經異義引孟京說、與乾鑿度有同者可證。至災異之說、孟氏所不言。虞翻五世習孟氏易。亦未言災異。王先謙云。故言災異首孟氏。語出无稽、焦延壽易林中有涉災異者。亦无京房之甚。至孟氏今見存諸說。未涉消息、京房則以災異與消息。并為一事。而所言消息。又無例可推、無緒可尋。棄而不談。為允。西漢有兩種亂事。一為巫蠱。一為災異。巫蠱不過禍及劉氏一姓。而災異之曲說。竟毒及後世。托之於易。貽害无窮。至京房著書見隋書經籍志者至夥。其書皆佚。現行本京氏易傳三卷、六十四卦之排列、既非歸藏。又非周易。上卷三十二卦。以乾震坎艮為序。中卷三十二卦。以坤巽離兌為序。下卷摭錄繫辭乾鑿度孟喜卦氣之說。作者注云陸績。今之治京氏易皆宗之。其說與集解釋文周易口訣義周易義海撮要不類。如口訣義引陸績周易述有三。姚士粦與孫堂所輯取陸績京氏易注至夥。馬國翰所輯對俗本所謂陸氏京房易傳注。則不着一字。京氏易傳六十四卦中。卦卦涉及消息。而其理殊違。不知消息祇用諸歸藏。不能用諸周易。因周易尚變通。不必用呆板消息二字去解周易。總之消息二字未能解析明白。則三易之別。終身在一個圈子中間。不知大道在於何處。藝文志文列。

京氏段嘉十二篇。

今其書已佚。此段氏闡明京氏之說。錢大昭以段嘉當依儒林傳作殷嘉。疑是。史記索隱作殺段般救三字筆畫易混。

次言與荀爽同時者有鄭玄虞翻。鄭玄之學師出多門。其為學喜箴。玄有春秋發墨守。喜起。玄有春秋起廢疾。又喜駁。玄有駁五經異義。其於伏羲之易。提出十言之教。八卦八言之外。又特別提出消息二言。使歸藏連山二易不亡。鄭注乾鑿度云。

連山歸藏占彖。祖緜按，向似脫者字。本其質性也。周易占變者。效其流動也。

此注已將三易劃清。玄注周易犖犖可傳者分二事。第一事為會通。第二事為互卦。雖生存之說不加釐正。因承漢人陋說。未能考訂錯謬。其說在鄭氏以前。先秦諸子莫不以二七為火。四九為金。以為聖經賢傳當如是。余前作九宮撰畧。以正其術。王肅善賈馬之學。而力詆鄭氏。今在集解釋文所述肅說。亦乏卓見。魏時雖以肅父朗所作易傳。列入學官。未幾寂然。因其學不及鄭玄所致。玄注周易。亦出消息。如䷁坤上六文言。陰疑于陽必戰。為嫌于无陽也。嫌釋文如字。鄭作溓。荀虞董陸作嗛。李氏鼎祚集解作兼。其實兼為正字。坤之上六係陰爻。故曰六。六為陰。陰中含陽。故曰兼。此為證。兼之字義。說文并也。并者其物本一。而他物雜之。故曰兼。且溓嗛皆兼之孳乳。从口為嗛。从女為嫌。其實兼字可以盡之。荀子正名篇單不足以喻則兼。注兼復名也。是單係一。兼係二。二則雜。雜與兼義同。詩采薇疏引鄭玄說。兼鄭作溓。其言云。

溓，讀如羣公慊之慊。古書篆作立心與水相近，讀者失之，故作溓。祖緜按：惠棟易漢學作嗛，并云詩正義所引有訛字，今改正。惠氏竄慊與下文文氣不貫，更失諸遠。溓，雜也。陰謂上六也。陽謂今消息用事乾也。

此疏見詩小雅采薇。歲亦陽止句。輯鄭氏易者，首宋人王應麟，次惠棟，後孫堂，又就王惠二本重校之。其後袁鈞又重敘之。袁本為勝。惠棟易漢學卷六又成鄭氏易，對慊於陽。惠棟正王弼之譌，謂王弼俗本陽上有无字。以此句大義證之，若作兼，則兼於陽。周易尚變，坤六爻皆陰，乃是无陽。今六爻變，是陰兼陽。若作无陽，義不可通。今王弼以嫌為之。嫌，疑也，與上文陰疑于陽必戰之疑合。則王弼似另有據本。惠以俗本二字目之，余嫌惠氏過于失言。繼惠氏後者有張惠言鄭荀義二卷、周易鄭氏注一卷，對此句亦无創獲。姚配中周易姚氏學，力宗鄭氏，喜竄入虞氏，自亂其例。近人曹元弼致力於鄭學，著書行世，墨守有餘，企發則未足，對此句亦无創獲。鄭氏此注消息與十言之消息无別。又

夬卦辭注云。

消去小人。

夬䷪上六在陰，陰為小人。上六變䷀乾，乾體備，而具元亨利貞四德，故曰消去小人。此消字雖指爻變，然亦指十二辟卦而言。惟王惠張孫所輯鄭氏易，殊少認識。因鄭氏初習京氏易，已先注易。後從馬融，習民間費氏易。後人所輯佚者，欲辨京費之別，力實未逮。然鄭說亦有大不然之說。如注

大畜上九何天之衢象道大行也云。

人君在位負荷天之大道。

鄭說遠不及虞翻注謂上據二陰。乾為天道。震為行。故道大行。虞說雖膚。尚可疏解。惟鄭玄於易最足稱者是合彖象於經使學者尋省易了。說詳魏書卷四三少帝紀。王弼宗之。至唐史徵口訣義以經與彖象敘列注前讀者尚稱便。宋呂大防創周易古經之說。流風所被。競言古易。至呂祖謙古周易十二篇成後。讀者轉覺繁複。明何楷古周易訂詁十六卷。以彖象列經下。低一格以別之。讀之皆便。至清代治經。號為樸學家者。自惠棟周易述。至段復昌周易補注。約數十餘種。皆經傳分列。治易者嫌其繁複。王肅善賈馬之學而不好鄭。撰定父朗所作易傳。列於學官。說雖不正。然囿於封建思想。如注序卦。豫必有隨云。

歡豫人必有隨。隨者皆以為人君喜樂。歡豫則以人所隨。

易理重在百姓日用。以前民用。朗說全違。遠不如韓康伯注順以動者眾之所隨。八字為勝。歐陽修易童子問譏序卦之文為小兒語。誠然。其於周易組織及六十四卦如何相序。缺而不提。疑作者以六十四卦卦名。人不能記憶。作此篇以備不忘。如歌訣之類。惟篇中提物字。重提萬物字。殊有深意。在上經乾坤二卦。下經咸恒二卦。提出萬物。餘六十二卦不曰物。即曰象。言物至二十三字之多。其重如此。

王朗之易。未嘗涉及鄭氏易。至肅作聖證論。亦未涉鄭易一字。在周禮媒氏疏引張融評語。有䷊泰六五帝乙歸妹。及䷞咸彖。融堅持鄭玄之說。以詰王肅至王朗父子言易。在集解釋文李善文選、徐堅初學記、御覽未見消息二字。

茲舉虞翻言消息者。今之治漢者多以虞氏為宗。仍不能離惠氏之科臼。惠棟易漢學敘虞氏易一卷之多。首列八卦納甲圖。不知所謂納甲者。係魏伯陽言潮汐之理。因北方四家治易。皆未觀潮與汐。魏係上虞人。家濱大海。朝夕見潮汐之吐納。乃作此圖。所謂納甲者。納、釋名釋言語。弭也。弭之兩致之言也。離騷注。弭、按也。按禮記月令注。據也。則納亦有據義。納甲猶言據甲。自來注參同契及注易者。皆失其辭。今之代數。以ABCD等字以代之。吾國古時四元。皆以甲乙丙丁諸字代之。屢見古算術諸書。魏伯陽以潮汐明易。潮汐與月有關。月有三十日。若舉三十日一一形容之。文字過累。乃以納甲明之。因南人當時言易者少有之。自虞翻先人虞光始。光則南人而居北地。魏伯陽則局居故里上虞。虞翻居餘姚。兩邑毗連。同在海濱。以潮汐解易。是據實物而言。吳書翻傳裴松之注引翻別傳。載初立易注奏云。

臣先考故日南太守歆。受本于鳳。最有舊書。世傳其業。

虞翻所謂舊書。即參同契諸書是。故注屢引之。如坤卦辭全主參同契立說。以詰馬融荀爽之失。如小畜上九爻月幾望。蠱彖先甲三日後甲三日。剝彖君子尚消息盈虛天行也。蹇卦辭蹇利西南不利東北。又蹇彖。蹇之時用大矣哉。歸妹彖。天地之大義也。又云五月幾望吉。巽九五先庚三日後庚三日吉。繫辭在天成象。在地成形。變化見矣。又五位相得而各有合。又縣象著明莫大乎日月。又八卦成列。象在其中矣。說卦水火不相射。又故曰成言乎艮。諸注皆引參同契之說。揭其大要如上。虞翻喜言消息。以十二辟卦為消息之卦。而不知六十二卦。卦卦皆具消息。不加細玩。按玩見繫辭。以撓三爻之曲說。假託其吏人陳桃夢見道士之說。以欺世。因十二消息用於歸藏乾之消。其說出於孟喜。僅知乾坤二卦可消可息。而不知六十二卦。卦卦皆可消可息。令虞氏創撓三爻之說。以凡乾卦六爻中有一爻之變為陰者皆屬姤。在周易乾卦六爻之變。初爻姤。乾、二爻同人。離、三爻履。艮、四爻小畜。巽、五爻大有。乾、上爻夬。坤、坤卦六爻中有一爻之變為陽者皆屬復。在周易坤卦六爻之變。初爻復。坤、二爻師。坎、三爻謙。兌、四爻豫。震、五爻比。坤、上爻剝。乾、是為周易之序卦與消息異。如乾卦六爻之變姤夬序。同人大有序。小畜履序。坤卦六爻之變剝復序。師比序。謙豫序。與橫圖消息之位不同，周易之之變雖亦以位。但是无陽消陰息之別。其位亦32 16 8 4 2 1。與歸藏无異。惟所得之卦不同。

虞氏摭三爻之說。皆違消息之理。且與周易變通之例亦不合。摭有挑意。說文。挑、撓也。是明證。在駢字莊子大宗師。撓挑無極。又一明證。撓三爻之說。可分為三例如下。

一、凡五陰之卦。如䷗復。由坤卦之陰息而來。如䷖剝。由乾卦之陽消而來。五陽之卦。如䷫姤。由乾卦之陽消而來。如䷪夬。由坤卦之陰息而來。原各有別。而虞氏妄以十二消息爻之（爻之見下張惠言說）例之。使之整齊。使五陰之卦。在卦撓一爻。以使歸於復。使歸於剝。无一定例。在五陰之卦。乾宮有䷖剝。坤宮有䷗復。又有䷇比。兌宮有䷎謙。坎宮有䷆師。震宮有䷏豫。今欲以撓爻使之畫一。以剝復比謙師豫六卦。屬於乾坤二卦。又如五陽之卦。乾宮有䷫姤。又有䷍大有。坤宮有䷪夬。震宮有䷏豫。離宮有䷌同人。巽宮有䷈小畜。虞氏必欲以撓爻使之畫一。以姤夬大有豫同。以小畜六卦屬於乾坤二卦。又虞氏撓三爻。一陽與五陰。一陰與五陽相類。是為撓一爻。合乾坤二卦。計之得十四卦。虞氏以十二辟卦為主。使卦之次第。不論出於何宮。咸歸納在辟卦之中。以辟為君。是封建思想作祟。在虞氏之注。以乾坤兩卦言之。在乾卦。盛言君德。在坤卦。重言順。餘卦從之。惟虞氏立說。不若漢時諸家。陳陳相因。推崇君綱。是其所長。易理至簡。（簡見繫辭易簡）如虞氏發明撓三爻之說。反覺過繁。失易簡之旨。

二、四陰二陽與四陽二陰之卦。四陽二陰之卦。在乾宮有䷠遯。坤宮有䷡大壯。又有䷄需。兌宮有䷹兌。艮宮有䷙大畜。又有䷥睽。又有䷼中孚。離宮有䷝離。又有䷱鼎。
又有䷅訟。坎宮有䷰革。震宮有䷛大過。巽宮有䷸巽。又有䷤家人。又有䷘无妄。
今虞氏以撓二爻之說。以需兌大畜睽離鼎訟革巽家人无妄十一卦屬於遯大壯二卦。中孚
大過二卦。因撓之无可撓。乃以旁通塘塞之。不知旁通即橫圖陽消陰息。何必多立名目。淆人
耳目。說詳下。四陰二陽之卦。在乾宮有䷓觀。又有䷢晉。坤宮有䷒臨。兌宮有䷬萃。又
有䷦蹇。又有䷽小過。艮宮有䷳艮。離宮有䷃蒙。坎宮有䷜坎。又有䷂屯。又有
䷣明夷。震宮有䷲震。又有䷧解。又有䷭升。巽宮有䷚頤。虞氏撓二爻之說。以晉萃
蹇艮蒙艮坎屯明夷震解升十一卦。屬於觀臨二卦。小過頤二卦。因撓之无可撓。即以為旁通。
四陽二陰與四陰二陽之卦。計三十卦。
三撓三爻足矣之說。易用矣字。師彖可以王矣。矣者實未定之辭。說文以為記已解也。是以矣
字每用句末一字而言。至小象用矣字。益之九三。勿問之矣。革之九三。又何之矣。旅之九三亦
以傷矣。繫辭三多凶。因三爻多凶。故多用矣字。則矣之孳乳為俟。為竢。為娭。為騃。為唉。皆有未
定之意。虞翻說矣字亦然。至撓三爻在乾宮有䷋否。消乾。又反泰也。注泰云陽息坤。反否也。
是為十二辟卦。並說在兌宮有䷮困。又有䷞咸。又有䷵歸妹。在艮宮有䷕賁。又有

䷨損。又有䷴漸。在離宮有䷷旅。又有䷿未濟。又有䷺渙。在坎宮有䷻節。又有䷾既濟。又有䷶豐。在震宮有䷟恒。又有䷯井。又有䷐隨。在巽宮有䷩益。又有䷑蠱。

虞氏以為此十八卦用之變。皆屬否泰。合否泰二卦。計二十卦。上三例合六十四卦。

虞氏撓三爻之說。於消息真理全謬。虞氏又創旁通之說。見李氏易傳者。計二十則。在謙卦謙亨虞翻注云。

乾上九來之坤。（祖緜按䷎謙來之坤為䷖剝）與履旁通。（祖緜按䷉履卦本與謙錯）天道下濟。故亨。彭城蔡景君說剝上來之三。

惠棟周易述疏云。

蔡景君傳易先師。言剝上來之三。剝之上九。即乾也。以消息言之。故云剝上來之三。案虞論之卦。无剝復夬遘之例。景君之說。虞所不用也。

虞翻引蔡景君說。在謙卦之前。需卦注云。大壯四之五。與晉旁通。師卦注云。乾二之坤。與同人旁通。小畜注云。需上變為巽。與豫旁通。履卦注云。坤三之乾。與謙旁通。同人注云。坤五之乾。與師旁通。大有注云。乾五變之坤。成大有。與比旁通。此注引蔡景君說。以剝卦之變立說。惠氏所謂虞論之卦。无剝復夬遘之例。其說殊非。不知虞氏之例。凡五陰一陽之卦。及五陽一陰之卦。其之卦以乾坤四陰二陽之卦及四陽二陰之卦其六之卦以遯大壯觀臨。三陰三陽之卦以否泰。故无剝復夬遘四卦。細讀虞注。可按而知。此引蔡景君之說未定然否。而惠氏謂景君之說虞所不用，太覺武斷。至惠氏又言消息、亦失其真理。上文已敘。不贅。至以之變言消息、實背三易之條例。致世之治虞氏學者。[illegible]年累月莫能決其然否。力申虞義。愈覺支離。本是捷徑，反成迷途。余乃草簡易之圖以明謙卦之消息、與履相錯。至旁通即是錯。可看卻一個名詞。一掃虞氏釋旁通之複雜。如下謙卦。

上爻息兌一位為履䷉。
五爻息歸妹二位為兌䷹。
四爻息臨四位為歸妹䷵。
三爻消泰八位為臨䷒。
二爻息明夷十六位為泰䷊。
初爻息謙三十二位為明夷䷣。

謙履錯。漢人治易名之曰旁通。據右圖可證明旁通即是錯。錯即是旁通。可以深信不疑。惟虞氏極深研幾。不无可取之處。願世之治虞氏易者。擷其精華去其糟粕也可。如虞氏注繫辭備物致用。立成器以為天下利。莫大乎聖人云。

神農黃帝堯舜是也。民多否閉。取乾之坤謂之備物。以坤之乾謂之致用。祖縣按。乾之坤及坤之乾。虞氏分二者立說。仍拘泥十二辟卦以備物致用分而為二立說。頗有卓見。乾為物。坤為器用。祖縣按。虞氏以物與器用分而為二。已知物為天然之物。今所謂生產資料。器乃人工所成。即是生產後。人多不辨。否四之初。祖縣按。即十二卦䷩取諸益。耕稼之利。否五之初。祖縣按。即十二卦䷔取諸噬嗑。市井之利。否四之二。祖縣按。即十二卦䷺取之渙。舟楫之利。否上之初。祖縣按。即十二卦䷐取諸隨。牛馬之利。謂十二蓋取以利天下。通其變使民不倦。神而化之。使民宜之。聖人作而萬物覩。故莫大乎聖人者也。

虞氏以否卦之之變立說。以闡明十二卦之益噬嗑渙隨四卦。觀象玩辭。觀象玩占。非致力之深者。決不能為。何以虞氏取否卦為之。因否卦在序卦云。物不可終通。故受之以否。余對於序卦。深以歐陽修小兒語為然。惟此語不敢廢。是否於物有相關者。清儒樸學大師治虞易者。首推惠棟。著周易述。以荀爽虞翻為主。而參以鄭玄宋衷干寶。細別之。此五家立說各有主張。豈能鎔為一爐。又著易漢學內虞翻易一卷。說亦未純。其撰易例二卷。說虞氏易不過一鱗半爪而已。惠氏著周易述。因疾革未成者。為革至未濟十五卦。江藩作周易述補。李林松亦作述補。治惠學者有讖二書為續貂。為沽名。未免失詞。張惠言專研虞氏之學。著周易虞氏義九卷。虞氏消息二卷。其立說較惠氏為精。然虞氏之根本已傾倒。雖欲扶之翼之。勢所不能。在周易虞氏消息。八卦消息成六十四第六云。

卦變消息。蓋孟氏之傳也。荀氏亦言之。而不能具。其他則多舛矣。其法有爻之。祖縣按。爻之即爻之之變有旁通。祖縣按。虞說旁通即消息。乾文言。六爻發揮。旁通情也。非指消息。有消息卦。祖縣按。張氏似指十二消息。而不知六十四卦。卦卦可以消息。有消息所生之卦。注雖殘闕。考約求之。蓋乾坤十二辟卦。為消息卦之正。其自臨遯否泰大壯觀生者。謂之爻例。自乾坤生者。不從爻例。每二卦旁通。則皆消息卦也。祖縣按。此二句。旁通與消息何異。消息卦皆在乾坤相合之時。則剝復夬遘泰否之交也。

張氏此說。愈不能了解。用力雖勤。反使人不免疑惑。後李銳作虞氏畧例。條理雖較張氏清楚。因李氏為算術家之故。惟李氏消息第四節云。張惠言著周易虞氏消息。謂八卦消息成六十四。非也。其說譌。繼凌埑作周易翼學。綜孟京虞鄭諸家。惜皆未能深解消息之理。

繼言王弼之易注。為近世治漢治宋所不道。惟其學出費直。掃象說出。持論本於老莊。繫辭說卦序卦雜卦未注。韓康伯續成之。韓固王之弟子。說見孔穎達正義十二大衍之數注。孔穎達作正義。得疏家之體。後人譏之非是。例如皇侃禮疏。孔氏序有云。狐不首丘。葉不歸根。以譏皇氏之野。孔說力掃繁蕪。可號大家。宋人魏了翁以唐人注疏。語采緯書。乃節刪作九經要義。是魏氏以緯為讖緯之緯所致。學者宗之。而經義亡。惟王弼對消息。亦未若漢人諸家之野。其說猶足取。且已辨別三易。說見孔穎達易之興也。其在中古乎正義云。

其於中古乎者。謂易之爻卦之辭。起於中古。若易之爻卦之象。則在上古伏羲之時。但其時理尚質素。聖道凝寂。直觀其象足以垂教矣。但中古之時。事漸澆浮。非象可以為教。又須繫以文辭。亦以繼又動吉凶。故文卦之辭起於中古。則連山起於神農。歸藏起於黃帝。（祖緜按。此二句有語病。）周易起於文王及周公也。此之所論。乃周易也。

此說孔氏已能辨別三易之大別。惟連山神農。歸藏黃帝。在孔氏之前持論亦一。此譙周以連山起於神農。蕭繹（即梁元帝）歸藏起於黃帝之說。皆傳說之譌。但孔穎達之說。亦前後矛盾。孔氏說卦傳正義云。

孔子以伏羲畫八卦。後重為六十四卦。八卦為六十四卦之本。

伏羲重為六十四卦。此六十四卦。无非由一陽一陰遞生至六爻而成。與歸藏之圖相合。且非不能求消息之理。又由一陽一陰遞生至十二畫。即為連山。伏羲重卦六十四為歸藏則无疑義。至連山是否神農所作。則不可知。余乃肯定今之橫圖所列六十四卦。為伏羲之重卦。是尚消息。文王因伏羲作六十四卦而重行之。為文王之述作。而重演之。是尚旁行而不流。其大別如此。惟王弼對於消息二字。能知非周易中之定理。故注彖象小象中。未作切要之說。如臨彖剛浸而長。王弼注云。

陽轉進長。陰道日消。君子日長。小人日憂。大亨以正之義。

觀此可知王弼據否泰二卦消長二字立說。而於否泰二卦。不着一字。似王弼亦以十二辟卦為消息卦。而未知卦卦可以消息。又如剝彖。順而止之。觀象也。君子尚消息盈虛。天行也。王弼注云。觀象也。觀其形象。消息盈虛四字。未注。孔穎達正義申其說云。

君子尚消息盈虛天行者。解所以在剝之時。順而止之。觀其顏色形象者。須量時制變。隨物而動。君子通達物理。貴尚消息盈虛。道消之時。行消道也。道息之時。行息道也。在盈之時。祖縣按。行息道也在盈之時八字。各本脫。此據劉氏嘉業堂本補。行盈道也。在虛之時。行虛道也。若值消虛之時。存身避害。危行言遜也。祖縣按。孔穎達此說。發明王弼觸忤隕身句。弼當時聞見孔融許攸婁圭崔琰為曹操所忌。皆不得死。故注中及之。實非易理。若值盈息之時。極言正諫。建事立功也。天行謂逐時消息盈虛。乃天道之所行也。春夏始生之時。則天氣盛大。秋冬嚴殺之時。天氣消滅。故云天行也。

正義解消息。膚而不切。開後世程頤易傳等及宋元以下諸家易說易傳之弊。至觀象也一句。漢人未解說。魏晉人惟王弼。唐人惟孔穎達及之。至宋人之說。皆卑不足道。惟清人惠棟。始揭其義云。

坤順艮止。謂五消觀成剝。故觀象也。見周易述卷八。

惠說是。　先子亦以觀字作卦解。

觀象也者。觀八月之卦也。觀二陽四陰。剝一陽五陰。消息盈虛。剝九月之卦。天行至此。由消而息。由盈而虛。如草木黃落之類是也。見周易易解卷四。剝彖。

以上兩說。證明觀是卦名。可无疑義。王弼夬卦注云。

夬與剝反者也。剝以柔變剛。至於剛幾盡。夬以剛決柔。如剝之消剛。剛損則君子道消。柔消則

小人道隕

孔穎達正其義云

夬。決也。此陰消陽息之卦也。祖縣按。界限欠明。當即去陰消二字。陽長至五。祖縣按。長即息也。五陽共決一陰。故名為夬也。

決以字義解之為夬之孳乳。淮南子時則訓審決獄。高誘注決亦主此說。究之界限欠明。且後人以剛柔與消息看并為一談者。此不可不辨。曰剛柔。凡卦六爻。一陽爻為剛。一陰爻為柔。剛柔即陰陽。曰消息。與剛柔絕對分為二事。消息以位。凡爻以位計之。遇陽爻消。謂之陽消。以陽爻變陰爻。是遇陰爻息。謂之陰息。以陰爻變陽爻。是在橫圖。乾與坤錯。乾六畫純陽。按。純陽即是乾。與坤相錯。坤六畫純陰。按。純陰即是坤。與乾相錯。如乾初爻消為姤䷫。二爻消為遯䷠。三爻消為否䷋。四爻消為觀䷓。五爻消為剝䷖。上爻消為坤䷁。一爻一爻遞消。此一定之理。是言乾之坤。與乾相錯。坤初爻息為復䷗。二爻息為臨䷒。三爻息為泰䷊。四爻息為大壯䷡。五爻息為夬䷪。上爻息為乾䷀。是言坤之乾。以此推之。則乾䷀坤䷁錯。姤䷫復䷗錯。遯䷠臨䷒錯。否䷋泰䷊錯。觀䷓大壯䷡錯。剝䷖夬䷪錯。此即一陰一陽之謂道。即為錯。亦即十二辟卦。世位

相同者為錯。在周易乾坤等十六卦從橫圖，故皆序。其他四十八諸卦。其序則與橫圖不同。後世治周易者。以橫圖列周易之前。不知橫圖本質與周易大不相同。若以周易之本質認為即是橫圖之本質。則是錯誤。後世學者不能辨明兩者之別。將三易混為一易。使學者終身由之不能出於迷途。歧路之中又有歧焉。昔之人非不知之。奈畏難於離經畔道之說。更習於因循。致一段公案。始終未能定讞。今則百家爭鳴。始敢暢乎言之。自程頤以來。作易說者。皆列橫圖於前。未能說明其例所致。其例何在。在於消息。但消息祇能用之歸藏。絕對不能用於周易。余之剌剌不休。實為不得已之舉。

茲言周易之序。乃橫圖之倒讀。說見下第十六章虞氏易平議。其次第泰否序。泰否為三世卦。其上下兩卦之連繫。䷊䷋兩卦為乾坤。三世與三世為六。臨觀序。臨坤宮二世卦。觀乾宮四世卦。其上下兩卦之連繫。䷒䷓為大過與坤。二世與四世亦為六。剝復序。剝為乾五世卦。復為坤一世卦。其上下兩卦之連繫。䷖䷗為坤與頤。五世與一世亦為六。遯大壯序。遯乾宮二世卦。大壯坤宮四世卦。其上下兩卦之連繫。䷠䷡為頤與乾。二世與四世亦為六。夬姤序。夬為坤五世卦。姤為乾一世卦。其上下兩卦之連繫。䷪䷫為乾與大過。五世與一世亦為六。乾坤泰否臨觀剝復遯大壯夬姤。即所謂十二辟卦。凡周易六十四卦上下兩卦聯繫。及連續為乾坤坎離大過頤中孚小過八卦。連續為否泰既濟未濟四卦。又蠱歸妹漸隨四卦。說見下第十一章卦象探原。而王弼對於消息。亦限於十二辟卦。例如王氏對於升之上六。冥升利於不息之貞。注云。

處升之極。進而不息者也。進而不息。故雖冥猶升也。故施於不息之正則可。用於為物之主則喪矣。終於不息。消之道也。

王弼措辭。浮而不實。終於不息消之道也。是言升之上六。升无可升。欲返於消。此卦不在十二辟卦之內。細推王弼之說。以卦六爻言之。上六升。是指陰爻。以消為息。可不再論陽消。此為匪夷所思（渙卦六四爻辭）之解。孔穎達正義。亦嫌膚淺。故可不錄。王弼又注此爻小象冥升在上消不富也云。

勞不可久也。

孔穎達正義云。

象曰消不富者。雖為政不息。交免危咎。然勞不可久。終至消滅。故曰消不久也。

孔疏消息二字隨文牽解。語欠切實。不足為訓。上文已解。故此不贅。王弼於豐彖日中則昃月盈則食。天地盈虛。與時消息。注語泛。而孔穎達正義則云盈則與時而息。虛則與時而消。說亦泛。惟末句云。作文之體也。頗有心得。但拘泥作疏之體。故未敢明言。

繼言韓康伯之注。晉書韓伯傳。伯字康伯。傳未言治易。見隋書經籍志。王韓之失。在祖尚虛无。此魏晉以來。玄學盛行所致。易是主有立說。如一陰一陽之謂道。韓伯注云。

道者何。无之稱也。无不通也。无不由也。祖緜按。无不通无不由。有物可憑。始可通。始可由。韓說如是。大悖易理。況之曰道。寂然无體。不可為象。祖緜按。是有體。有體而后有象。必有之用極。而无之功顯。故至乎神无方而易无體。祖緜按。上文範圍天地之化而不過。曲成萬物而不遺。言天地之化。即是物。又言曲成萬物。是有萬物可知。惠棟周易述注神无方而易无體。引太玄經。終始連屬。上下无隅。是无方之義者也。乾鑿度云。三微而成體。易隱初入微。故无體也。惠引太玄。見玄攡。太玄以卦氣立說。與神无方不涉。至乾鑿度三微之說。言周易尚變。十有八變而成易。一變即一着。三着成一爻。鄭玄注。三而一爻。即十有八變成六爻。而道可見矣。故窮變以盡神。祖緜按。周易所謂變。即十有八變而成易之變。因神以明道。陰陽雖殊。无一以待之。在陰為无陰。陰以之生。在陽為无陽。陽以之成。祖緜按。韓氏生成立論。生成出於洛書。故曰一陰一陽也。

韓氏之說。不純一。而惠氏以太玄乾鑿度解之。與原文不涉。已於注下加按語。不贅。神无方易无體。

干寶有說云。

否泰盈虛者。神也。變而周流者。易也。言神之鼓萬物。祖緜按。鼓見下文鼓萬物而不與同憂。及鼓之舞之以盡神之鼓。其實不類。无常方。易之應變化。无定體也。

干氏之說。揭出否泰盈虛四字以解神。不能盡易之理。說卦傳神也者。妙萬物而為言者也。為神之真諦。上文出萬物七。下文出萬物九可證。方即本傳方以類聚。物以群分之方。此言神无方。言萬物无常則。在人利用之。可使生產日益豐收。群經釋方字。合於此句者。以左傳閔二年傳。授方。杜預注。方。百事之宜也。此言神无方者。即言萬事之宜。至易无體。易是主躍進的。不是不變的。如益之彖云。

日進无疆。大畜之象云。日新其德。繫辭云。日新之謂盛德。又云。生生之謂易。又云。子曰夫易何為者也。夫易開物成務。冒天下之道。如斯而已者也。是易主進不主退。干寶以易之變化。无定體也。較諸家為勝。韓康伯注云。

方體者。皆係形乎體者也。神則陰陽不測。易則惟變所適。不可以一方一體名。

韓康伯此注。方體皆係形器。乃是有。不是无。此體字與禮記中庸體物而不可遺之體。義方合。惟鄭玄注。體猶生也。義尚未確。其詩箋在大雅行葦方苞方體云。體成形也。為勝。或詰之曰。以方與體為有。且以易有進意。何以繫辭云聖人以此先心。退藏於密。是退為先。答曰。此所謂退。是指天一地二章而言。前人注釋。有陸績虞翻韓康伯劉瓛。惟劉瓛僅釋洗。（洗王肅劉瓛同。王弼作洗。京荀虞董張蜀才作先。）陸說野。虞泥於象。皆扞格難通。前人咸以為韓康伯注。有裨於教義云。

言其道深微。萬物日用而不能知其原。故曰退藏於密。

韓說如此。去義亦遠。因此章係闡明天一地二至天九地十之義。宋人潘殖忘筌錄。以大衍之數中為五十立說。得其大義。廣雅釋詁二。退歸也。退藏是指九宮還宮而言。或進或退。當視其本質。藏。劉瓛作臧。藏說文未出。以藏為之。藏即管子幼官篇藏溫濡。（即指天五地十。）藏不忍。（即指天三地八。）藏薄純。（即指天九地四。）（管子謂用七數二數。是无數可推。與藏恭敬用九數四數當互易。）藏恭敬。（即指天七地二。）藏慈厚（即指天一地六）之藏。密即同篇五和時節。……發善必審於密執感必明於中之密。如是則退藏於密句。方得着洛。孔穎達以卜筮立說。不能正其義。清任啟運周易洗心據此兩句為全書之綱領。而任氏未知天一地二章為九宮之用。亦失其本。錯綜其數句。韓康伯注未得要領。錯是消息。綜是周易上下兩卦之互相連繫。孔穎達正義云。

錯綜其數者。錯為交錯。（祖縣按。六爻消息乃成交錯。）綜謂總聚。（祖縣按。周易上下兩卦之連繫。說詳下論周易。）交錯總聚其陰陽之數也。通其變者。由交錯總聚。通極其陰陽相變也。遂成天地之文者。以其相變。故能遂成就天地之文。若青赤相雜。故稱文也。

孔氏解錯綜。雖較虞翻王肅之說為精。惟嫌有文勝質之弊。惟王弼之易。有所傳授。韓康伯續注繫辭說卦序卦雜卦。淵源有自。孔作正義。引崔覲劉𤅢褚氏（即褚仲都）周弘正張氏（疑張譏）何妥莊氏。皆治王弼之易。咸有著述。以王弼為依歸。易注存者有王弼。正義又演繹之。雖其說近於老莊。有掃象之說。將形而下之說。完全抹煞。易本以有立說。而王弼以為无。至韓康伯注一陰一陽之謂道云。道者何。无之謂也。注是故易有太極云。夫有必始於无。又注幾者動之微云。幾者去无入有。（韓氏說游移兩可。）皆係曲解。然王弼宗費氏易。學者若能從彖旁參馬融曹大家（見幽通賦注）鄭玄王肅諸說。去其玄言。實為一可讀之書。

自孔穎達以來。繼之為史徵口訣義。大都節取正義。而參以新說。又有李鼎祚集解。治漢學者。以為真可寶之古籍。鼎祚集三十五家之說。古義卓然。其自序云。刊輔嗣（即王弼字。）之野文。補康成之逸象。自負如此。惜對於消息二言。亦未深入。自宋以後。更失之野。故不贅言。

清代治漢學。壓嵩且上。而對於三易之大別。消息之確詁。亦无人注意。自以為易之古誼復明於世。不知明照之處何在。泥於訓詁之微末。无卓尔不群之讜論。吳派浸衰。皖派代興。江永著河洛精蘊。實一翼易之書。惜繁徵博引。而不加辨正。致瑜瑕互見。對消息亦无切實之定論。卦變考。亦昧於條理。高弟戴震。學博而未能致力於易。注中謂千餘年不傳之絕學。及戴氏出而集其成焉。未免過譽。文集中周易補注目錄後語。（見戴東原集卷一、）未見考覈之精。注彖論及讀繫辭論性。亦无扼要之談。戴氏對於聲韻算術地理。實有特出之見。而對於陰陽之說。措辭欲求高深。反不能達其旨。昔余弟子楊純三。求余以淺近之說出之。解釋內經陰陽之說。乃率爾成之云。

陰陽之說。古人着書。不知凡幾。其實二者。不過是符號。以代甲乙而已。易繫辭曰。一陰一陽之謂道。言一陰一陽由太極分而為二也。正號謂之陽。負號謂之陰。如於人別其性。男女也。見其形。背面也。分其體。容貌為陽。藏府為陰。現其病。氣色為陽。脈象為陰。凡一切事物。目所能見者。皆可以陽目之。目所不能見者。皆可以陰目之。

草此論竣。純三謂數十年疑竇。一旦盡釋。若以後人說易而拘泥之。恐窮年累月。不能窮其理。至此乃知通俗文之有益於治學不淺。

繼江戴者有焦循。後之治樸學者。以為屬皖派。余讀焦氏雕菰樓易學四十卷。凡通釋二十、圖畧八、章句十二、易餘籥錄。所著各書。以章句為善。因為晚年手定之書。蓋治之彌篤。而說彌精。譽之者謂焦氏深通九九之學。由算通易。在易學中。在漢魏學說外。此重視漢魏故有此論調闢未有之境界。毀之者譏穿鑿附會。阮元為循之妻弟。致書云。

易學大畧。實為石破天驚。昔顧亭林自負。以為天之未喪斯文。必有聖人復起。未免太過。茲之處處從實測而得。聖人復起。洵不易斯言矣。

又王引之亦致書云。

奉手書。示以說易諸條。鑿破混沌。掃除雲霧。可謂精銳之兵矣。一一推求。此皆至精至實。要其法。則比例二字盡之。所謂比例者。固不在他書。而在本書也。未知先生以為何如。惠定宇先生考古雖勤。而識不高。心不細。見異於今者則從之。大都不論是非。如說周禮丘封三度。顛倒甚矣。他人無此謬也。

阮王兩氏。推重如此。惟焦氏對於消息二字。亦無定論。如泰否二卦。彖言消息。是據泰否三陽三陰立說。焦氏在泰卦章句。天地交而萬物通也。云。

二至五為交旁通於否。爲乾坤之相錯。故天地交否成益。又通於恒。故萬物通。

焦氏此說。襲荀虞二五及旁通之說。旁通由消息而來。消息之理。不外乎錯。而繫傳言錯。必連綜字而為之者。因周易與十言之數相比例。有十六卦合於消息者。即是錯。（說見第一章及上文。）其餘四十八卦。不合於消息者。乃是綜。焦氏立論如此。而阮氏王氏不加細辨。真是枝粗葉大。而焦氏又重言申之云。

消長以在五言之泰五。小人也。則宜進而為君子。則君子為道長。不進而長為小人。則道消矣。進為君子則道長。故大宜來也。

焦氏此說。實襲荀爽虞翻二家言。不過行文時增刪字數而已。至否象亦如是。不贅。剝之象曰。君子尚消息盈虛。天行也。象言消息盈虛。是言乾消至剝。再消上九一爻。即成坤。以流轉言之。乾消成坤。再由坤息成乾。故曰天行也。而焦氏云。

乾上之坤三。（祖緜按。乾上謂剝卦上九未變。上之坤三為䷎謙。不合消息。）不合天道。夬通於剝。以補救之。（祖緜按。剝與夬通。）仍合天之道。

焦氏此注。屬夬通於剝。即王引之所謂比例。王氏精於小學。其父子對於易。亦未深造。因清代順治十五年。命傅以漸曹本榮奉敕成易經通注九卷。康熙二十一年。頒日講易經解義十八卷。康熙五十四年。命李光地纂定周易折中二十二卷。乾隆二十年。又纂周易述義十卷。以示萬古不祧之著述。踰出範圍。即蹈謝濟世之覆轍。(謝氏易注禁燬)故注易者立說多游移恍忽。

焦氏著易。致力雖勤。而引人著述。不肯略加某云某某云等字。識之者謂掠人之美。語雖刻薄。不為无見。焦氏釋豐彖天地盈虛與時消息云。

離之成豐。(祖縣按。離上九變爻為豐。為周易六爻之變爻。非消息之真諦。)猶乾之成夬。豐通於渙。猶夬通於剝。

此焦氏亦以比例解之。措辭曲折。不知係韻文。消息是就韻為文。別无意。是食息叶而已。說見上。焦氏又於雜卦君子道長小人道憂也。憂與上文柔為韻。焦氏云憂當依李氏集解作消。不知作消則不叶。不必改字。

焦氏於升上六冥升云。

升成泰。无妄成既濟。相錯。即小畜成需。豫成明夷。冥升之冥。即冥豫之冥。

焦氏此說。恐人誤解。不得不分析之。俾得曙光。䷭升成䷊泰句。言升上六變。則為䷑蠱。將已變之陽爻與蠱之初爻。上下互易即為䷊泰。是襲虞翻撓三爻之曲說。䷘无妄成䷾既濟句。言升與无妄錯。至既濟之成因。其說過於曲折。令人難測難詳。其實即泰卦二五兩爻互易為既濟。解經立說。須直截痛快。焦說云云。是漢人十二辟卦之說。至相錯即䷈小畜成䷄需。䷏豫成䷣明夷。焦氏所謂相錯。更屬誤會。其意以為相錯是兩卦之連繫。失之毫末。謬以千里。此鄉曲之見。不能登乎大雅之堂。如䷈小畜、䷏豫、焦氏以為䷈╳䷏兩卦相交。得䷭升、䷘无妄。是小畜豫為消息卦。又䷄╳䷣需、明夷。焦氏以為相交為䷊泰、䷾既濟。如此說經。使穎悟人讀之。必成癡侶。至以冥升即䷏豫之冥豫。冥豫亦在豫之上六。是為䷢晉與升上六之蠱實風馬牛不相涉。疑焦氏以為在周易。晉與明夷為上下卦。故出此言。至解利於不息之貞云。

明不可息。故明夷通訟。與泰通否同。

不息之貞。並无明字。今焦氏以不息之貞為冥。並述明夷卦名以為確據。亦自亂其例。焦氏立論如此。余刺刺之不休言之。其故有二。一、使人據例可明焦氏之書。二、使人知焦氏之說。尚非易之正鵠。至焦氏訓詁。亦失諸鑿。力主旁通。如乾文言六爻發揮旁通情也。全易之義。惟在旁通。將全易範圍縮小萬分。不知旁通情也句。承上文六爻發揮而來。是指乾之六爻。非指全易。未濟象曰君子以慎辨物居方云。旁也。謂與既濟旁通。而二居於五。繫辭方以類聚云。方旁也。謂旁通也。又繫辭旁行而不流云。旁行旁通也。其說皆鑿。當時樸學盛行。在周易。惟漢是尚。焦氏於河出圖洛出書聖人則之云未詳。不知漢人河洛之說。屢見著述。而云未詳。未免失據。此皆焦氏之所短。惟治易之精。與虞翻相同。原卦一文。(見通釋。)以為伏羲必重卦。又云可知卦之旁通。(旁通即消息。)自伏羲已然。頗具卓見。焦氏以後。有凌堃之周易翼學。主張不廢河洛之說。但其說則采鄭玄兼綜孟京虞諸家之說。深懲、鄉壁虛造之言。而尤惡新說。於消息則仍舊說。故不錄。在凌氏之先者。為端木國瑚著周易指。其指在周易圖五卷。讀者先讀圖。自然貫通。惟注重井卦。井卦對於繫辭天一地二章。似可擬辭。而欲以包括全易。則所謂養其一指而失其肩背。至於消息。端木氏亦在若明若昧之中。其卷末附卦侯即侯七十二侯表云。

稽覽圖。其書首卦氣起中孚。以四正卦坎離震兌主四時。（祖縣按在稽覽圖用洛書之位。）其六十卦。卦主六日七分。又以自復至坤十二卦為消息。稱辟卦。餘卦主公卿侯大夫。孟喜京房皆出此。

下端木氏亦以十二消息為主。而未解伏羲十言之教所出消息二言。周易指卷終云。

易有象。而後有數。而後有理。（祖縣按。端木氏引左傳十五年文。原文物生而後有象。象而後有數。端木氏截去首句。在理萬不能通。）而其象數之間乃有氣。（祖縣按。此句氣字。乃端木氏首創。未免无根。沈善登以光氣解易較善。）氣者十二卦侯消息之氣。（祖縣按。漢人十二辟卦為消息。是以乾坤二卦消息。以尊君為主體。不知六十四卦卦卦可以消息。故乾鑿度以純者王。不純者為雜。此雜字含有革命意。）為六十四卦往來也。（祖縣按。端木氏曲從虞翻之迂說。大失易之弘旨。）故虞氏易言氣。其言消息。謂姤復遯臨否泰等是皆十二辟卦等。（祖縣按說見上。）是皆卦侯十二辟卦。主卦消息。（祖縣按。此是虞氏說。）中孚近頤等卦（祖縣按。上文舉出震艮及巽兌十二畫中有此二卦可證。）義明之。不在卦畫。以卦畫陰陽上下。已在十二辟卦也。後人復強以十二卦畫上下。為卦六十四消息。其卦于易氣侯不應。其畫上下所自。皆例窮不通。不可視為消息。（祖縣按。端木氏以氣侯為消息。更失諸遠。因卦氣與消息有別。）故消息即十二辟卦。（祖縣按、端木氏襲荀虞曲說而譌。）中孚頤等出通卦驗。（祖縣按、端木氏譌舉書名。當云出稽覽圖。二書有別。通卦驗言七十二候。及日晷和醫家脈象、稽覽圖言寒溫。）以驗卦氣者。是易六十四卦。言象即言氣。而以言數言理。易于言象言氣言數。不有可指而言。而以言理。皆非易理矣。是以易皆乾天行。日月象。斗象晝夜寒暑氣。天地萬物。數卦往來。乾天行以驗消息。盈虛而知人事。皆此而已。易指（祖縣按、易指。即端木所著周易指之簡稱。）言天行。卦畫準象數。推而以備氣與理。此于卷末具上下經往來卦。八卦世位。及虞氏所傳逸象。以為說易者考驗。而說易本原。則在易例出十翼者是。

此為周易指。其治易之旨歸如是。杭辛齋推重至再。使初學者治此書。恐迂泥而難通。若得其易之門者。不難了解。因其書取材弘富。可與惠棟周易述、焦循之通釋。作類書讀之也可。至消息。端木氏言泰否二卦彖之消長。剝豐兩卦之消息。升卦上六爻辭與卦象。約數千言。使讀者不能驟明其理。在泰卦。端木國瑚云。天地陰陽消息得其平。泰者平也。泰平三之爻。是乾命卦謙之爻。此端木襲虞翻謙卦辭謙亨注。（上文已引。）惟端木氏喜以巧立名目。使人墜入歧路。惟在泰卦䷊泰。泰上畫䷒臨䷎謙已明明指人以其說之由來。因兩卦三爻互易。即成為䷊泰、䷁坤。此種解易。初受虞翻之毒。更自作聰明而為之。此諺所謂執迷不悟者是。　先子對端木氏亦推重之。在乾卦文言夫大人者與天地合其德一節云。（見周易解卷一。）

端木氏國瑚曰。易中凡言先後。皆以先天後天為義。斯言也。發前人所未言。易之大義。一言包括盡之矣。又曰。先天後天六十四卦。一往一來。往來不窮謂之通。此之謂易。斯言也。又非通解云。

先子於端木之易。褒之貶之如是。則其書不可廢。可以肯定周易指數百萬言。淵博可知。擇其善者從之可也。至端木氏之易。其源實出於漢。且以虞翻為宗。惟頭巾氣過重。一心欲從祀孔廟。不得不依附宋人之說。其私衷如此。至注否剝豐升上六爻辭及小象。無啟發語。故不贅。

沈善登需時眇言。補遺一卷。僅五十六頁。出消息二字者。計八十有七。惟不知消息係橫圖之用。致力雖勤。而言無中。此如奕者舉棋不定。不能勝其耦爾。以上舉世上通行本。治易者咸視為名貴易說者。僅言其大意。

消息二字。用於橫圖。實无可置議。恐世人猶惑之。乃立六十四卦消息表于後。至周易爻變與消息異源。見下第十六章卦變正誤。惟消息重在位。須逢陽爻消陰爻息。爻變亦重在位。不過无陽消陰息之別。漢人以十二辟卦言消息。荀爽虞翻奉之。至今治漢學者仍之。而其說仍在若明若昧之中。未能推出真理。今不厭繁瑣。一一立表以明之。至重卦之說。言人人殊。而橫圖之重卦。更无人道及。吾以伏羲以一陽一陰之卦畫。因而重之是也。且提出一證。淮南子要略訓云。

今易之乾坤。足以窮道通意也。然而伏羲為六十四變。周室增以六爻。

劉安此說。足證橫圖之六十四卦。為伏羲所重。可无疑義。

四、橫圖六十四卦消息表

橫圖六十四卦。為消息之本。原不可分割。茲分八組。以便讀者研析。

位	世	錯：坤 乾	剝 夬	比 大有	觀 大壯	豫 小畜	晉 需	萃 大畜	否 泰
1	上世	消 坤	息 剝	消 比	息 觀	消 豫	息 晉	消 萃	息 否
2	五世	消 剝	消 坤	息 觀	息 比	消 晉	消 豫	息 否	息 萃
4	四世	消 觀	消 比	消 剝	消 坤	息 否	息 萃	息 晉	息 豫
8	三世	消 否	消 萃	消 晉	消 豫	消 觀	消 比	消 剝	消 坤
16	二世	消 遯	消 咸	消 旅	消 小過	消 漸	消 蹇	消 艮	消 謙
32	一世	消 姤	消 大過	消 鼎	消 恆	消 巽	消 井	消 蠱	消 升
數位時。將本卦退一位。一世至二世亦退一位。下類推。	上世消息為本卦之錯。	乾。八純卦。	夬。坤五世卦。	大有。乾歸魂。隔乾二位。凡歸魂在本卦二位。或上或下。視消息而定。	大壯。坤四世卦。	小畜。巽一世卦。	需。坤游魂。隔泰二位。凡游魂在三世卦二位。或上或下。視消息而定。	大畜。艮二世卦。	泰。坤三世卦。

此圖是横圖太陽乾宮八卦之位。其錯為周易之序者有乾坤。有泰否。乾與坤二宮相對。故位相同。而錯亦同。上世即錯。自三世以上皆為坤。此乃消息之作用。凡八宮。一世至三世八個卦。或消或息。視一畫則消。一畫則息。而定。四世各卦皆四個消。四個息。五世則每兩卦消。每兩卦息。上世則一消一息相間。宮宮如是。皆有條不紊。下七宮同此推。

謙	艮	蹇	漸	小過	旅	咸	遯
履	兌	睽	歸妹	中孚	節	損	臨
消 謙	息 艮	消 蹇	息 漸	消 小過	息 旅	消 咸	息 遯
消 艮	消 謙	息 漸	息 蹇	消 旅	消 小過	息 遯	息 咸
消 漸	消 蹇	消 艮	消 謙	息 遯	息 咸	息 旅	息 小過
息 遯	息 咸	息 旅	息 小過	息 漸	息 蹇	息 艮	息 謙
消 否	消 萃	消 晉	消 豫	消 觀	消 比	消 剝	消 坤
消 訟	消 困	消 未濟	消 解	消 渙	消 坎	消 蒙	消 師
履艮五世卦。	兌八純卦。	睽艮四世卦。	歸妹兌歸魂隔兌二位。	中孚艮游魂隔損二位。	節坎一世卦。	損艮三世卦。	臨坤二世卦。

此横圖太陽兌宮之位。其錯為周易之序者。有漸歸妹。有中孚小過。兌與艮兩宮相對。故世位相同。而上世即錯。自三世以上皆為艮。此乃消息之作用。

錯卦	本卦	一	二	三	四	五	六	說明
師	同人	消師	消蒙	消渙	消訟	息姤	消遯	同人離歸魂陽離二位。
蒙	革	息蒙	消師	消坎	消困	息大過	消咸	革坎四世卦。
坎	離	消坎	息渙	消蒙	消未濟	息鼎	消旅	離八純卦。
渙	豐	息渙	息坎	消師	消解	息恒	消小過	豐坎五世卦。
解	家人	消解	消未濟	息訟	消渙	息巽	消漸	家人巽二世卦。
未濟	既濟	息未濟	消解	息困	消坎	息井	消蹇	既濟坎三世卦。
困	賁	消困	息訟	息未濟	消蒙	息蠱	消艮	賁艮一世卦。
訟	明夷	息訟	息困	息解	消師	息升	消謙	明夷坎游魂陽既濟一位。

此橫圖少陰離宮八卦之位。其錯為周易之序者。有離坎。有既濟未濟。離與坎兩宮相對。故世位相同。而上世即錯。自三世以上皆為坎。此乃消息之作用。

升	蠱	井	巽	恒	鼎	大過	姤
无妄	隨	噬嗑	震	益	屯	頤	復
消 升	息 蠱	消 井	息 巽	消 恒	息 鼎	消 大過	息 姤
消 蠱	消 升	息 巽	息 井	消 鼎	消 恒	息 姤	息 大過
消 巽	消 井	消 蠱	消 升	息 姤	息 大過	息 鼎	息 恒
息 姤	息 大過	息 鼎	息 恒	息 巽	息 井	息 蠱	息 升
息 訟	息 困	息 未濟	息 解	息 渙	息 坎	息 蒙	息 師
消 否	消 萃	消 晉	消 豫	消 觀	消 比	消 剝	消 坤
无妄巽四世卦。	隨震歸魂隔震二位。	噬嗑巽五世卦。	震八純卦。	益巽三世卦。	屯坎二世卦。	頤巽游魂隔益二位。	復坤一世卦。

此橫圖少陰震宮八卦之位。其錯為周易之序者。有蠱隨。有頤大過。震與巽兩宮相對。故世位相同。而上世即錯。自三世以上皆為巽。此乃消息之作用。

復	頤	屯	益	震	噬嗑	隨	无妄
姤	大過	鼎	恒	巽	井	蠱	升
消復	息頤	消屯	息益	消震	息噬嗑	消隨	息无妄
消頤	消復	息益	息屯	消噬嗑	消震	息无妄	息隨
消益	消屯	消頤	消復	息无妄	息隨	息噬嗑	息震
消无妄	消隨	消噬嗑	消震	消益	消屯	消頤	消復
消同人	消革	消離	消豐	消家人	消既濟	消賁	消明夷
息乾	息夬	息大有	息大壯	息小畜	息需	息大畜	息泰
姤乾一世卦。	大過震游魂隔恒二位。	鼎離二世卦。	恒震三世卦。	巽八純卦。	井震五世卦。	蠱巽歸魂隔巽二位。	升震四世卦。

此横圖少陽巽宮八卦之位。其錯在周易之序者。有大過頤。震宮頤大過倒有蠱隨。震宮隨蠱倒。巽與震兩宮相對。故世位相同。而上世即錯。交叉顛倒讀之錯亦同。升无妄錯。蠱隨自錯。井噬嗑錯。巽震錯。恒益錯。鼎屯錯。頤大過自錯。姤復錯。凡自錯四卦。與周易序同。自三世以上皆為震。此乃消息之作用。

明夷	賁	既濟	家人	豐	離	革	同人
訟	困	未濟	解	渙	坎	蒙	師
消明夷	息賁	消既濟	息家人	消豐	息離	消革	息同人
消賁	消明夷	息家人	息既濟	消離	消豐	息同人	息革
消家人	消既濟	消賁	消明夷	息同人	息革	息離	息豐
息同人	息革	息離	息豐	息家人	息既濟	息賁	息明夷
消无妄	消隨	消噬嗑	消震	消益	消屯	消頤	消復
息履	息兌	息睽	息歸妹	息中孚	息節	息損	息臨
訟離游魂。隔未濟二位。	困兌一世卦。	未濟離三世卦。	解震二世卦。	渙離五世卦。	坎八純卦。	蒙離四世卦。	師坎歸魂隔坎二位。

此横圖少陽坎宮八卦之位。其錯在周易之序者。有坎離。離宮離坎倒。有未濟既濟。離宮既濟未濟倒。坎與離兩宮相對。故世位相同。而上世即錯。六爻錯顛倒讀之亦同。師同人錯。蒙革錯。坎離自錯。渙豐錯。解家人錯。未濟既濟自錯。困賁錯。訟明夷錯。凡自錯各卦。與周易序同。自三世以上皆為離。此乃消息之作用。

臨	遯	消臨	消損	消中孚	消履	息乾	息同人	遯乾二世卦。
損	咸	息損	消臨	消節	消兌	息夬	息革	咸兌三世卦。
節	旅	消節	息中孚	消損	消睽	息大有	息離	旅離一世卦。
中孚	小過	息中孚	息節	消臨	消歸妹	息大壯	息豐	小過兌游魂隔咸二位。
歸妹	漸	消歸妹	消睽	息履	消中孚	息小畜	息家人	漸艮歸魂隔艮二位。
睽	蹇	息睽	消歸妹	息兌	消節	息需	息既濟	蹇兌四世卦。
兌	艮	消兌	息履	息睽	消損	息大畜	息賁	艮八純卦。
履	謙	息履	息兌	息歸妹	消臨	息泰	息明夷	謙兌五世卦。

此橫圖太陰艮宮八卦之位。其錯在周易之序者。有小過中孚。兌宮中孚小過倒。有漸歸妹。兌宮歸妹漸倒。艮與兌兩宮相對。故世位同。而中孚上世即錯。交叉顛倒讀之亦同。謙履錯。艮兌錯。蹇睽錯。歸妹漸錯。小過中孚自錯。旅節錯。咸損錯。遯臨錯。凡自錯四卦。與周易序同。自三世以上皆為兌。此乃消息之作。

泰	否	消泰、消大畜、消小畜、息乾、息履、息无妄	否乾三世卦。
大畜	萃	息大畜、消泰、消需、息夬、息兌、息隨	萃兌二世卦。
需	晉	消需、息小畜、消大畜、息大有、息睽、息噬嗑	晉乾游魂陽否二位。
小畜	豫	息小畜、息需、消泰、息大壯、息歸妹、息震	豫震一世卦。
大壯	觀	消大壯、消大有、息乾、息小畜、息中孚、息益	觀乾四世卦。
大有	比	息大有、消大壯、息夬、息需、息節、息屯	比坤歸魂陽坤二位。
夬	剝	消夬、息乾、息大有、息大畜、息損、息頤	剝乾五世卦。
乾	坤	息乾、息夬、息大壯、息泰、息臨、息復	坤八純卦。

此橫圖太陰坤宮八卦之位。其錯在周易之序者。有坤乾。(乾宮乾坤倒)有否泰。(乾宮泰否倒)坤與乾兩宮相對。故世位相同。而上世即錯。交叉顛倒讀之亦同。坤乾錯。剝夬自錯。比大有錯。觀大壯錯。豫小畜錯。晉需錯。萃大畜錯。否泰自錯。凡自錯四卦。與周易序同。自三世以上皆為乾。此乃消息之作用。

消息雖以八卦宮次為准。而六十四卦。皆互相連繫。不可舉一而棄七。

坤　艮　巽
三世消　二世消　一世消

如乾一　　—　—
艮　坤　坎
三世息　二世消　一世消

兌二　- -　—　—
坎　巽　艮
三世消　二世息　一世消

離三　—　- -　—
巽　坎　坤
三世息　二世息　一世消

震四　- -　- -　—

乾　兌　震
三世息　二世息　一世息

乾坤相對　坤八　- -　- -　- -
兌　乾　離
三世消　二世息　一世息

兌艮相對　艮七　—　- -　- -
離　震　兌
三世息　二世消　一世息

離坎相對　坎六　- -　—　- -
震　離　乾
三世消　二世消　一世息

震巽相對　巽五　—　—　- -

八卦之範圍。是有一定之例。如漢代治易者創為家說。如十二辟卦等等之說。則扞格難通。要肯定在乾宮。一世消則八個皆為巽。二世消則八個皆為艮。三世消則八個皆為坤。凡卦皆然。如上挨排自明。故不贅。

至四世在六十四卦中。每宮皆四個息。其挨排之法。乾至大壯四卦用消。即倒數坤宮之觀比剝坤。小畜至泰四卦用息。即倒數坤宮之否萃晉豫。餘卦可類推。故亦不贅。

至五世在六十四卦中。每宮為消消息息四卦。或消消息息四卦。其挨排。在乾宮消消為剝坤。息息為觀比。又消消為晉豫。息息為否萃。即是與四世互易。餘卦可類推。

至上世。消息相間。即一陰一陽之謂道。或以為乾是陽。今橫圖以乾為首，乃是一陽一陰。未免冠履倒置。是說也。為治易者之大錯而特錯之點。凡天下之理。是孤陽不生。獨陰不長。上文雖舉出一陰一陽之謂道。然未加以分析辯證。因治學有步驟。若不明消息。貿然解釋此句。恐學者不能明瞭。因橫圖由六十四卦一消一息遞變而成。錯成消息。在上世始符一陰一陽之數。今消乾為坤。是坤代乾居首。晉皇甫謐有歸藏首坤之說。此實誤會之原因。今以乾坤兩宮觀之。乾消為坤。坤息為乾。則坤息可代乾。即如禮記所引之坤乾二字。在學術上似不能成立。若以消息徵之。則乾坤之說。即坤息而為乾者。是自漢至今解此者未能一一挨排。以為坤乾為歸藏首坤。而依附之。其說則非。又以三統術附會連山首艮。此實无稽之談。至禮運之運字。說文許解。運、迻徙也。許氏又釋迻云。遷徙也。
後人以迻為移。其實皆多字之孳乳。運、廣雅釋詁四。轉也。徙、說文。步行也。轉義可通卦之一消一息。
亦即是運。
治易而不明消息。即不能知三易之大別。消息二字。已成為口頭一個名詞。如好消息、惡消息之類。
則由來已久。但消息有一定之理。用消不能息。用息不能消。消息在周易文辭小象及彖雖及之。於
周易已非要素。若能體會消息。能辨明消息。演周易時。可肯定十六卦則用消息。餘四十八卦則重
在六字。惟以六為綜耳。另有定理。詳見下文周易第十一章。年邁學術荒蕪。恐有舉甲失乙之處。
願時彥匡正之。

男 延國 初校

弟子 汪成孚 施則明 校刊

書名：三易新論（上）
系列：易學經典文庫
原著：沈瓞民
主編•責任編輯：陳劍聰

出版：心一堂有限公司
通訊地址：香港九龍旺角彌敦道六一〇號荷李活商業中心十八樓〇五一〇六室
深港讀者服務中心：中國深圳市羅湖區立新路六號羅湖商業大厦負一層〇〇八室
電話號碼：(852) 67150840
網址：publish.sunyata.cc
淘宝店地址：https://shop210782774.taobao.com
微店地址：　https://weidian.com/s/1212826297
臉書：　　　https://www.facebook.com/sunyatabook
讀者論壇：　http://bbs.sunyata.cc

香港發行：香港聯合書刊物流有限公司
地址：香港新界大埔汀麗路36號中華商務印刷大廈3樓
電話號碼：(852) 2150-2100
傳真號碼：(852) 2407-3062
電郵：info@suplogistics.com.hk

台灣發行：秀威資訊科技股份有限公司
地址：台灣台北市內湖區瑞光路七十六巷六十五號一樓
電話號碼：+886-2-2796-3638
傳真號碼：+886-2-2796-1377
網絡書店：www.bodbooks.com.tw
心一堂台灣國家書店讀者服務中心：
地址：台灣台北市中山區松江路二〇九號1樓
電話號碼：+886-2-2518-0207
傳真號碼：+886-2-2518-0778
網址：http://www.govbooks.com.tw

中國大陸發行　零售：深圳心一堂文化傳播有限公司
深圳地址：深圳市羅湖區立新路六號羅湖商業大厦負一層008室
電話號碼：(86)0755-82224934

版次：二零一八年二月

心一堂微店二維碼　　心一堂淘寶店二維碼

裝訂：上中下三冊不分售

定價：港幣　　六百八十元正
　　　新台幣　二千六百八十元正

國際書號 ISBN 978-988-8317-23-3